『十三五』國家重點出版物出版規劃項目

胡澱咸中國古史和古文字學研究 第六卷

銅器銘辭考釋

胡澱咸◎著

安徽師範大學出版社
·蕪湖·

圖書在版編目(CIP)數據

銅器銘辭考釋 / 胡澱咸著. —蕪湖 :安徽師範大學出版社,2021.12
(胡澱咸中國古史和古文字學研究;第六卷)
ISBN 978-7-5676-5115-9

Ⅰ.①銅… Ⅱ.①胡… Ⅲ.①銅器(考古)—金文—研究—中國 Ⅳ.①K877.34

中國版本圖書館CIP數據核字(2021)第278469號

胡澱咸中國古史和古文字學研究:第六卷
銅器銘辭考釋 胡澱咸◎著
TONGQI MINGCI KAOSHI

總 策 劃:張奇才
責任編輯:孔令清 責任校對:辛新新 牛 佳
裝幀設計:張 玲 桑國磊 馮君君 責任印製:桑國磊
出版發行:安徽師範大學出版社
蕪湖市北京東路1號安徽師範大學赭山校區 郵政編碼:241000
網 址:http://www.ahnupress.com
發 行 部:0553-3883578 5910327 5910310(傳真)
印 刷:安徽聯衆印刷有限公司
版 次:2021年12月第1版
印 次:2021年12月第1次印刷
規 格:787 mm × 1092 mm 1/16
印 張:12.25
字 數:140千字
書 號:ISBN 978-7-5676-5115-9
定 價:160.00元

目録

中方鼎考釋

隹十又三月庚寅，王才寒鍊。王令大史兄裹土。王曰：中，兹裹人入事，易于武王作臣。今兄畀女裹土，作乃采。中對王休令，𪔂父乙尊。隹臣尚中臣。

『兄』郭沫若謂是人名，即上文的大史。『大史兄』即中觶之南宫兄，當是南宫括之子孫。『王令大史兄裹土』是『王錫大史以兄裹土』（兩周金文辭大系）。這顯係毫無根據的臆説。這個字，吴闓生、楊樹達釋『貺』，是對的（吴説見吉金文録，楊説見積微居金文説）。詩桑柔：『倉兄慎兮。』釋文云：『兄音況，本亦作況。』漢書尹翁歸傳：『尹翁歸字子兄。』師古云：『兄讀曰貺。』這個字最初假用『兄』字，後世增加偏旁，孳乳爲『況』『況』『貺』等字。爾雅釋詁云：『貺，賜也。』『王令大史兄裹土』，是説王令大史傳達王命，把裹這個地方賜給中。

『兹裹人入事』。『兹』，楊樹達謂義爲今（積微居金文説），陳夢家謂義爲昔（海外銅器圖録），皆不確。『兹』在此義爲此。爾雅釋詁云：『兹，此也。』『事』字，郭沫若、吴闓生、于省吾都釋『使』（郭釋見兩周金文辭大系，吴釋見吉金文録，于釋見雙劍誃吉金文選）。郭沫若以『入使易』爲句，説：『入使易猶遣使入貢。』『入使易』不成語句，不成文理，這是愛怎麼説就怎麼説。此字楊樹達釋『事』，是對的。『兹裹人入事』，是説這裹人來臣事於周，也即是來歸附。

『易于武王作臣』。楊樹達云：『錫謂見錫，作臣則所錫之事也。蓋裛人初未服於周，今始歸順，而武王受之，許其爲臣，故文云云。』（積微居金文説）若如此説，則這乃是周武王時的事。按這句話是大史傳達王命的，『王曰』云云，是大史轉述周王的話，如這是武王時的事，武王怎麽能自稱武王呢？武王也不能自己賜給自己。楊説顯不正確。吴闓生説『錫于武王作臣』，是『受錫于武王作王臣』，這也難通。裛人前來歸附，作周之臣，不能説受武王之賜。近讀唐蘭論周昭王時代的銅器銘刻，他以『易』義爲『納錫』，即禹貢『九江納錫大龜』之『納錫』。這句話是説裛人願意納土作臣。我國古代下奉獻於上誠然也可以説『錫』或『賜』，如子貢名賜，就可見『賜』有貢義。『納錫大龜』就是入貢大龜。但歸附爲臣能否説錫，恐未必。唐氏的解釋也是增字爲解，不免帶有想像。我以爲這句話應即照句讀，照字講，這是説，賜給武王爲臣。這樣講，語意明暢，毫不費解。此鼎或以爲是成王時器，或以爲是昭王時器，不論怎樣，必是武王以後的器。這是追述以前的事。裛人歸周，賜給武王作臣，當在武王未即位爲王以前，應是周文王時事。

『今兄畀女裛土，作乃采』。郭沫若謂『兄』是人名，『畀』是『鬼』字的異體，讀爲『歸』。這是説『兄復以讓於中爲其采邑』（兩周金文辭大系）。這顯然也是臆説。『畀』宋代王俅、薛尚功釋爲『里』，楊樹達從其説，謂讀爲『賚』。尚書湯誓：『予其大賚汝。』史記殷本紀作『理』與『賚』通（積微居金文説）。這也不正確。『畀』作『』，和『里』字形不同，不是一個字。『理』當是由『釐』省變的。『釐』和『賚』乃是由『𠩺』孳乳的，與『畀』沒有關係。這個字當以釋『畀』爲是。這句話是説：現在把褭這個地方賜給你，作爲你的采邑。

這篇銘辭全辭是説周王命大史把褭土賜給中。大史傳達周王的話説：『中，這褭來服從，曾賜給武王，作武王的臣，現在賜給你，作爲你的采邑。』

我國古代有采邑制。這種制度起於何時，沒有明確的記載。這篇銘辭給予我們關於采邑的很好材料。『采邑』也見於趞尊，銘辭云：『隹十又三月辛卯，王才厈，易趞采曰𧻚。』這二器有人謂是成王時器，有人謂是昭王時器。不論怎樣，由此可知西周初必已有采邑制了。褭賜給武王作臣，我以爲是周文王時事。褭爲武王臣當也是作爲武王的采邑，如我這種看法不誤，則采邑制在殷末已經濫觴了。

韓詩外傳：『古者天子爲諸侯受封，謂之采地。』詩鄭風、緇衣、傳：『諸侯入爲天子卿士，受采禄。』孔穎達云：『采謂田邑，采取賦税，禄謂賜之穀，二者皆天子與之，以供飲食。』采邑是受賜者徵收其地的賦税，周王把褭賜給中作采邑，把𧻚賜給趞作采邑，這兩個地方的賦税就由他們徵收。

作册大鼎考釋

公朿鑄武王成王異鼎。隹三月既生霸己丑，公賣作册大白馬。大眂皇天尹大保宣，用乍祖丁寶隩彝。雞册。

「朿」字羅振玉釋「朿」（貞松堂集古遺文卷三）。郭沫若謂「公朿」是人名，即下文之皇天尹太保，也即是召公奭（兩周金文辭大系考釋）。容庚和楊樹達都説是「來」字。楊氏并謂「古人作字與後世經過統一者不同，故字形相近之字往往彼此混淆無别而不以爲異」（積微居金文説 作册大鼎跋）。以「公朿」爲人名，則作器者爲「公朿」，何以又賣作册大白馬呢？這前後文義顯不相接。以「朿」爲「來」，字形不合。「朿」作「朿」，「來」作「來」，字形顯不相同。楊氏謂古人「字形相近之字往往混淆無别而不以爲異」，不免於誣。而這樣解釋，仍和郭説一樣，前後文義不相接。郭、容、楊諸人之説都不足信。

這個字實是「朿」字，只是過去考釋没有懂得這個字在此是什麽意思。這個字在此實讀爲「策」。按「朿」「茦」「莿」「刺」「敇」「策」義相同，義都爲刺。説文云：「朿，木芒也，象形，讀若刺。」又云：「刺，君殺大夫曰刺，刺直傷也，从刀从朿，朿亦聲。」爾雅釋草云：「茦，刺。」郭璞注云：「草刺針也，關西謂之刺，燕北朝鮮之間曰茦，見方言。」方言云：「凡草木刺人，北燕朝鮮之間謂之茦，或謂之壯；自關而東或謂之梗，或謂之劌；自關而西謂之刺；江湘之間謂之棘。』這實都是一個字的演變。此字初只作『朿』，象草木芒形。因『朿』是草木之芒，故後世加『艸』作『茦』。因草木之芒可以刺人，引申爲刺傷、刺殺，故又加『刀』旁作『刺』。因『朿』和『茦』即一個字，所以『刺』又可以作『莿』。郝懿行説：『刺當作莿，茦莿雙聲疊韵，故説文互訓。』（爾雅義疏）這是没有了解這個字的演變。

説文云：『敇，擊馬也，从攴朿聲。』又云：『策，馬箠也，从竹朿聲。』策馬和馬策古書都用『策』字。這兩個字實原也是一個字，都是由『朿』孳乳的。只因一作動詞用，一作名詞用，後世加不同的偏旁而已。『策』人們都以爲是打馬的鞭子，策馬人們都以爲是用馬鞭鞭馬，這實是錯的。古代策馬實是用刺刺馬。淮南子道應訓高誘注云：『策，馬捶，端有鐵以刺馬，謂之錣。』韓非子外儲説：『延陵卓子乘蒼龍與翟文之乘，前則有錯飾，後則有利錣，進則引之，退則筴之，馬前不得進，後不得退，遂避而逸。』可知筴（策）實是刺。哀公十一年左傳：『孟子側後入以爲殿，抽矢策其馬曰：馬不進也。』這也是用矢刺馬。

『朿』爲『策』字的初字，在這裏義爲策命。『公朿鑄武王、成王異鼎』，公就是下面的大保。這是説大保策命作册大鑄武王、成王異鼎。

康侯鼎：『王朿伐商邑。』柬鼎：『王朿奠新邑』。『朿』也都應讀爲『策』。這是説王策命伐商邑，王策命奠定新邑。『王朿伐商邑。』陳夢家釋『朿』爲『刺』，『刺伐』連讀，謂即『攻伐商邑』［西周銅器斷代（一）］。實是錯的。

『異』字郭沫若和容庚都以爲即説文『祀』字的重文『禩』字。陳夢家謂『異或是比翼之翼』。解釋云：『原來或有大保鑄武王奠和大保鑄成王奠的兩對。』［西周銅器斷代（三）］于省吾以『異』爲『翼』字的初字。他説：『古文有異無翼，翼爲異的後起字』。『商和西周時代有花紋的各種彝器，外部往往有幾道突出的高棱，好像鳥的羽翼，故典籍稱之爲翼』。『作册大方鼎之稱異鼎，指鼎之有翼者言之』。（甲骨文釋林　釋新異鼎）

按陳、于二氏之説都不足信。陳説固如于氏所説是『出於主觀想像』，于氏的論據也不正確。于氏謂『翼』爲『異』字的後起字，舉虢叔旅鐘『嚴才上，異才下』，詩六月『有嚴有翼』爲證。『翼』爲『異』字的後起字，則『異』當是『翼』字的初文。按『異』字甲骨文和金文都作『』，不像鳥翼之形。『異』字的本義必不是鳥的羽翼。在卜辭和銅器銘辭中，『異』也不見用爲『羽翼』之『翼』者，可見『異』也不是羽翼之『翼』的假借字。『異』字實没有羽翼的意思。詩六月：『有嚴有翼。』傳云：『嚴，威嚴也，翼，敬也。』虢叔旅鐘『異才下』，『異』義也是敬。『異』『翼』義都不是羽翼，怎麽能以此證明『異』義爲羽翼呢？再次，釋『異』爲『翼』，爲鼎上花紋，與銅器銘辭書作器之例也不合。銅器銘辭記作器，有『寶鼎』『隮鼎』『[illegible]鼎』『餗鼎』『飤鼎』『譱鼎』『羞鼎』『牛鼎』『旅鼎』『行鼎』『用鼎』『小鼎』『媵鼎』，除『寶鼎』是因古人以銅鼎爲寶器、『小鼎』是因其器特小以外，其他都是指其用途而言的。没有一個稱其花紋者。釋『異』爲羽翼之『翼』，必不可通。這個字仍以釋『禩』爲是。

這篇銘辭是説大保命作册大鑄祭祀武王、成王的鼎，大保賞賜作册大白馬，作册大揚大保之恩惠，作此鼎。

一九六七年十月七日草於合肥師院西平房
一九八二年六月廿三日修改於蕪湖赭山

頌鼎考釋

隹三年五月既死霸甲戌，王在周康邵宫。旦，王各大室，即立。宰弘右頌入門，立中廷。尹氏受王令書。王乎史虢生册令頌。王曰：頌，令女官嗣成周[宀貝]廿家，監嗣新窖[宀貝]用宫御。易女玄衣黹屯，赤市，朱黄，䜌旂，攸勒用事。頌拜䭫首受令，佩吕出，反入堇章。頌敢對揚天子不顯魯休，用乍朕皇考龏叔，皇母龏[台攴]寶隫鼎，用追孝[示斦]康𩡵屯右，通彔永令。頌其萬年眉壽，畯臣天子霝冬。子子孫孫寶用。

『[宀貝]』字清阮元釋『貯』，許多人都信從他的説法。阮元謂這個字義爲貯積，『監嗣新造[宀貝]用宫御』是『命掌積聚以充宫御之用』（積古齋鐘鼎彝器款識）。王國維謂『貯』義爲錫予，他説：『貯予古同部字，貯廿家猶云錫廿家。貯用宫御猶云錫用宫御也。』（觀堂別集 頌鼎跋）郭沫若從王説，只對『貯用宮御』的解釋略加改變。他説：『貯用宮御乃謂錫用宮中之執事者。』（兩周金文辭大系 頌鼎考釋）楊樹達説：『貯』讀爲『紵』，『命女官嗣成周貯廿家，監嗣新造紵者，王命頌掌治成周織紵之户廿家，監嗣新造紵之事，以備宮中之用也。』（積微居金文説 頌鼎跋）

這些解釋，我們稍加思索，便可知是難以信從的。『寊』字金文作『寊』，『貯』字作『[illegible]』，二字字形不相同。二字字形不同，怎麼知道『寊』就是『貯』字呢？！尤其重要的，此字釋『貯』辭義説不通。阮元説『監嗣新造寊用宮御』是『命掌積聚以充宮御』，這對這句話没有解釋，只是猜測其語意而已。王國維以『貯』和『予』古音同部，便謂『貯』義爲錫，這樣的論證怎麼能成立呢？『貯用宮御猶云錫用宮御』，『錫用宮御』也不成語句，是什麼意思也令人不解。郭沫若信从王説：以『貯』義爲錫，但他又謂『貯』義爲賦，爲租。（兩周金文辭大系 沈子毁考釋云：『貯者賦也，租也，頌鼎「官嗣成周貯廿家」，格伯毁「乎貯卅田……」，兮甲盤「毋敢或入䜌宄貯」，均其例。』）可知郭氏對這個字實没有認識，只是望文生義，隨己方便而爲訓釋。而且把『貯用宮御』釋爲『乃謂錫用宮中之執事者』，這句話是什麼意思，仍舊不明白。楊樹達謂『貯』讀爲『紵』，『成周貯廿家』是成周織紵之户。這顯也説不過去。織紵之户單稱『紵』，在我國語言裏從不見有這樣的説法。

這個字實是『賈』字。這裏最值得注意的是『寊用』二字。這兩個字過去學者都未深考，未得其解。這裏，『賓用』二字應該連讀。尚書酒誥：『肇牽車牛遠服賈用，孝養厥父母。』僞孔傳於『賈』字斷句，『用』字屬下讀。解釋云：『農功既畢，始牽車牛，載其所有，求易所無，遠行賈賣，用其所得珍異孝養其父母。』這顯是增字爲解。後世學者大多都這樣句讀。按白虎通商賈篇：『商之爲言商其遠近，度其有亡，通四方之物，故謂之商；賈之爲言固有其物，以待民來，以求其利也。……尚書曰：「肇牽車牛遠服賈用，方言遠行可知也。」』班固顯以『賈用』連讀。詩谷風：『既阻我德，賈用不售。』鄭玄箋云：『既難却我，隱蔽我善，我修婦道而事之，覬其察己，猶見疏外，如賈物之不售。』也不是『賈』『用』分讀。詩小雅正月疏引亦作『肇牽牛車，遠服賈用』。從詩句講，這兩個字也非連讀不可，分讀便不可通。從鄭玄的解釋看，『用』義蓋爲物，也即是出售的物品。我以爲此處之『用』即器用之『用』。我國古代語言裏，器和用是有區别的。説文云：『器，皿也。』又云：『皿，飯食之用器。』又云：『有所盛曰器，無所盛曰械。』器是指飲食器皿及其他可以盛物的用具，農器、手工業工具及其他用具則稱爲用。如國語周語『命農大夫咸戒農用』，韋昭云『用，耒耜之屬』。銅器銘辭記製作兵器如戈劍之屬，都説『作元用』。這我有另説，這裏不贅述了。『賈用』當就是説出賣各種物品。『賈用』當是殷周時的習語。由此可以推知，『賓用』也必就是『賈用』。『賓』是『賈』字，則這兩句話便文從字順，明白易曉。『今女官嗣成周賈廿家』，是説任命頌管理成周的賈人廿家。我國古代，工商食官，商人是由國家管理的。一九六五年，陝西新平縣徵集得膳夫山鼎，銘辭曰：『王曰：

山，令女官嗣歃人于冕，用入賓司賈』。『司賈』顯是官名，必是管理商人的官。此器的書法和錫物揚休的語言都與頌鼎相同，可能是同一個王時之器。這説明當時確實已有從事商賈的商人了。

『監嗣新造賈用宮御』，『新造』疑即是指成周。尚書召誥：『周公朝至於洛，則達觀於新邑營。』多士：『周公初於新邑洛。』柬鼎：『王朿奠新邑。』周初稱洛爲新邑，以後相沿不改，仍稱洛爲新邑。『新造』疑意即爲新造之邑。『御』楊樹達謂義爲用，是正確的。吴王夫差監：『𢍰𠦪吉金自作御監。』史記宋微子世家：『彼爲象箸，必爲玉桮，爲玉桮……則思遠方珍怪之物御之矣。』『御』義也顯都爲用。『宮御』是謂宮中的用物。『監嗣新造賈用宮御』，是説監督管理成周的市易和宮中的用品。

總之，我以爲『賓』一定是『賈』字。這個字認識了很有用處，不僅這篇銘辭可以通讀，其他一些銘辭也便可以解釋。更重要的，殷周時代的商業情況也可由此約略推見。

一九六七年十月三十一日二草

一九六八年十一月廿九日重抄

格伯𣪕考釋

隹正月初吉癸巳，王在成周。格伯𠭯良馬乘于倗生，𠦪賓卅田，則析。格伯還，殹妊彶佗氒從。格伯厌，彶佃殷氒紉：零谷杜木，遇谷旅桑，涉東門，氒書史戠武立盟成壘。鑄保簋，用典格伯田。其邁年子子孫孫永保用。

『取』孫詒讓釋『受』（古籀餘論格伯毁，下引孫説皆見此文），郭沫若和楊樹達釋『叉』，在此義爲付（郭説見兩周金文辭大系格伯毁考釋，下引郭説皆見此文。楊説見積微居金文説格伯毁跋，下引楊説皆見此文）。吴闓生（吉金文録格伯毁下引吴説皆見此文），于省吾（雙劍誃吉金文選格伯毁），容庚（金文編）都釋取。這個字字形，與『受』及『叉』都不相類。這個字雖有點潦草，不甚整齊，但從偏旁還可以看出應是『取』字。『賓』舊釋『貯』，不可通。楊樹達謂：『賓疑讀爲賈，即今價值之價』。我以爲這就是商賈之『賈』，在這裏也不讀爲『價』。説文云：『賈，市也。』在這裏義實爲賣。『格伯取良馬乘于倗生，氒賈卅田』，舊都以爲是格伯給倗生良馬一乘。近見唐蘭説這是格伯向倗生取良馬一乘。這是正確的。這句話是説格伯向倗生取良馬一乘，把三十田賣給他。

『則析』，郭沫若謂是『析券成議』。楊樹達説是中分券契，兩人各執其一，都不正確。這當是説分田。這是説格伯把三十田賣給倗生，把這些田劃分出來。

『格伯還，殹妊彶佗氒從』。『殹妊』『佗』都是人名，疑是倗生的吏人。這是説格伯回去，殹妊和佗二人隨從。蓋是隨去分田的。

『格伯厌，彶佃殷氒紉』。『厌』學者都釋『安』，是對的。金文『宓』字又作『𠩺』，可知从

『宀』也可以从『厂』。説文云：『宀，交覆深屋也，象形。』又云：『厂，山石厓巖人可居。』我國古代有人居於巖穴之中，如古有所謂『巖穴之士』，殷傅説隱於傅巖。『厂』和『穴』都是居人的，所以从『宀』或从『厂』都是一樣。『⿸厂女』，楊樹達謂『當讀如按行之按』，甚是。古代實用『安』爲『按』。戰國策秦策：（姚）賈對曰：『賈願出使四國，必絶其謀，而安其兵。』高誘云：『安，止。』『安』，顯應讀爲『按』。『格伯⿸厂女』是格伯按視其所責的田。『⿰田人』字孫詒讓釋『甸』，是地名。楊樹達謂是『田之所在』，容庚釋『佃』。甲骨文郊甸字用『奠』，侯甸字用『田』，此字必不能釋爲『甸』。此字从『田』从『人』，應是『佃』字。説文云：『佃，中也。』此與辭意不合。這個字从『田』，从『人』，我以爲義蓋爲土地上的農民。柞鐘：『𤔲五邑佃人事』。楊簋：『王曰：楊，作𤔲工，官𤔲量田佃。』這兩處『佃』非是指農民不可。古代農民是附著在土地上的，隨土地出責而出責，隨土地賞賜而賞賜。由這篇銘辭看，西周時，土地上的農民有隨土地出責而出責的。『殷』孫詒讓和楊樹達都謂是地名。楊樹達以『格伯安及田殷』爲句，并謂『格伯還時按行至田所在之殷地也』。按這樣句讀，在語法上是彆扭的，解釋也很牽强，而且使下一句在語法上也難通。郭沫若又以『格伯安及田』爲句，『殷』屬下讀，以『殷氒』爲『殷人』，是人名。這樣句讀和解釋，把『氒』錯認爲『人』，語法辭義也都不可通。我以爲這句話應當這樣句讀：『格伯安，佃殷氒紉。』『殷』就是尚書堯典『日中星鳥，以殷仲春』之『殷』。廣雅釋詁云：『殷，正也。』僞孔傳云：『殷，正也。』『紉』字不識，或釋爲『約』或寫作『刨』，或解爲到，都不正確。從辭義看，『紉』字在此義當爲田界。『格伯安，彶佃殷氒紉』，是説格伯把田賣給倗生以後，到田上按行，與農民一起勘正田界。這個田界是從零谷杜木，經遏谷旅桑到東門。

『氒書史戠武立盟成壘』。這句話很難讀，過去解釋很亂，語意難通解。『書史』，我以爲乃是官名，當是倗生的屬吏。『戠武』，孫詒讓以『武』爲人名，楊樹達以『戠武』爲人名，都不可通。我以爲『戠』蓋是『植』字的本字。郭忠恕汗簡云：『戠，古文植。』『武』字在此義難明，疑讀爲『廬井有伍』之『伍』。『盟』字學者或釋爲『釁』，或釋『寍』，或寫作『盥』，或釋『盟』。我們審察字形，『釁』『寍』『盥』皆不合，應以釋『盟』爲當。此字从『門』从『皿』，蓋是『閈』字的别構。『壘』有人以爲是説文的『鄙』字，義爲鄰道，在此不可通。我以爲即是『邑』字，是『邑』字的别構。『氒書史戠武立盟成壘』是説命書史建立里閈廬井成邑，邑是村邑，不是都邑。

『用典格伯田』。郭沫若謂『典如今言記録或登記。』楊樹達説：『典，常也，典常有今言確定之意。或謂典當讀爲奠，奠，定也，記田之地界於寶毁，故爲定也。』這很明顯是没有根據的臆説。這句話實是很清楚、很容易解釋的。『典』義實爲主。廣雅釋詁云：『典，主也。』尚書皋陶謨『女有能典朕五祀』，『以夔爲典樂』。克盨『王令尹氏史趛典善夫克田人』，語例更與『典格伯田』相同。『典』實也即是説文之『敟』字。説文云：『敟，主也。』『用典格伯田』，是說以主管格伯的田，也即是他賣給倗生的田。

這篇銘辭很難讀。過去，有的字沒有正確地認識，解釋很亂。我們這樣解釋，雖然仍有的字不能確認，但句讀語法沒有大病，字義辭義可通順而無扞格。這是記載格伯賣田給倗生之事的。格伯向倗生取良馬一乘，把卅田賣給他，勘察田界，倗生命其書史設置里閈，成爲村邑。這篇銘辭是一很重要的史料。歷史學者多以之論證西周時的土地制度。由這篇銘辭看，西周時，土地確實是可以買賣的了。

一九六七年十月廿六日草
一九六八年十一月十一日重抄

兮甲盤考釋

隹五年三月既死霸庚寅，王初各伐厰𤞷于𠳋盧。兮甲從王，折首執嘰，休，亡敃。王易兮甲馬四匹，駒車。王令兮甲政䜌成周四方責，至于南淮尸。淮尸舊我帛晦人，毋敢不出其帛其責。其進人其賨，毋敢不即𧻚即㞢（市），敢不用令，則即井𢼸伐。其隹我諸侯百生氒賨，毋敢不即市，毋敢或入䜌宄賨，則亦井。兮白吉父乍般，其眉壽萬年無疆，子子孫孫永寶用。

『休，亡敃』，按虢叔旅鐘：『御于乒辟，髦屯亡敃。』師望鼎：『用辟于先王，髦屯亡敃。』克鼎：『頊于上下，髦屯亡敃。』『亡敃』蓋是周代的習用語。説文云：『敃，彊也。』在這裏『敃』訓『彊』，文義不可通。從辭義看，在這裏，『亡敃』和『休』是相對的。『休』義爲善。員鼎：『王令員執犬，休善』，『亡敃』意必與『休』相反。按獻彝：『獻伯于遘王，休，亡尤。』語例與此一樣，『亡敃』意當和『亡尤』相近。毛公鼎：『敃天疾畏』，這和詩召旻、雨無正和小旻之『旻天疾威』顯然相同。詩召旻、傳云：『旻，病也。』此銘旻義蓋爲病。『休，亡敃』，是説兮甲從王伐玁狁，在戰争中斬首執訊，休善而無過失。

『王令兮甲政𤔲成周四方責』。孫詒讓云：『政徵字通，責，積之省，謂徵斂委積之事。』（古籀餘論卷三兮甲盤，下引孫説皆見此文）王國維云：『責讀爲委積之積，蓋命甲徵成周及東諸侯之委積，正爲六月大舉計也。』（觀堂别集兮甲盤跋）楊樹達云：『政與征同，往也。』『𤔲字从𤔔啇聲，蓋假爲𨐨』。説文云：『𨐨，治也』，『責者，王静安讀爲委積之積，是也』，『言王命兮甲往治成周及諸侯國邑乃至南淮夷之委積』（積微居金文説卷一兮甲盤，下引楊説皆見此文）。這些解釋都不正確。

吴闓生釋『政』爲『正』，『政𤔲即是死嗣』。（吉金文録卷四兮甲盤）這個字讀『正』是正確的，但謂『正𤔲即死嗣』，則仍未了解這個字的字義。

頌鼎：『王曰：令女官嗣成周貫廿家。』

楊簋：『王曰：戠，令女作嗣土，官嗣耤田。』

無惠鼎：『王乎内史𠭰冊令無惠曰：官嗣〇王退側虎臣。』

『政𤔲成周四方責』，語例與這些銘辭相同，『政』義必與『官』相近。古代『政』和『正』通用。詩正月：『今兹之正，胡然厲矣。』傳云：『正，政也。』戰國策趙策：『彼即肆然而爲，過而爲正於天下。』史記魯仲連列傳作政。『正』和『政』原是一個字，原只作正，後孳乳爲『政』，所以通用。爾雅釋詁云：『正，長也。』詩鳲鳩：『正是國人。』箋云：『正，長也。』詩斯干：『噲噲其正。』節南山：『覆怨其正。』玄鳥：『正域彼四方。』傳并云：『正，長也。』尚書酒誥：『文王誥教有正有事。』大盂鼎：『隹殷邊侯甸雩殷正百辟。』『正』義也爲長。墨子尚賢中：『堯舜禹湯文武之所以王天下正諸侯』。非命下：『古者湯封於亳……而王天下政諸侯。』可知『政』和『正』相同，義也爲長。『𤔲』就是『嗣』字。銅器有𤔲工爵：『𤔲』非釋『嗣』不可。『𤔲』只是『嗣』字的别構。楊樹達謂『𤔲』假爲『嬖』，實是錯誤的。『嬖』乃是由金文『辥』字演變的，『辥』和『嗣』在金文中從不相亂，不能混而爲一。『責』釋爲『積』，義爲委積，也不正確。我以爲當如字讀，義爲徵收之物。説文云：『責，求也。』桓公十三年左傳：『宋多責賂於鄭，鄭不堪命。』『責』義顯爲徵責。史記孟嘗君列傳：孟嘗君放高利貸，命馮驩去收討。孟嘗君對馮驩説：『今客食恐不給，願先生責之。』又説：『客食恐不足，故請先生收責之。』『責』義更明顯是徵收。左傳僖公四年，齊楚召陵之會，管仲曰：『爾貢包茅不入，王祭不共，無以縮酒，寡人是徵。』史記齊太公世家作『楚貢包茅不入，王祭不共，是以來責』。足證『責』義必爲徵收。成公二年左傳：『無德以及遠方，莫如惠恤其民而善用之。乃大户已責逮鰥救乏赦罪。』成公十八年左傳：『晉悼公即位於朝，始命百官，施舍已責，逮鰥寡，振廢滯，匡乏困。』昭公二十年左傳：『使有司寬政、毁關、去禁、薄斂、已責。』『責』杜預都釋爲『逋債』。這也是錯誤的。如『責』是『逋債』，則春秋時，楚、晉、齊等國已大量向百姓放高利貸了？而且百姓向諸侯借了債還長期不還，這與歷史事實相合嗎？這顯然不合乎歷史事實。釋『責』爲『債』，語法也不可通。『已責』，『已』義爲停止，是個動詞，下面一個字也必須是動詞，若『責』爲『債』，則是名詞，語法不合。此處『責』是動詞，義也必爲收責、徵收。『已責』是説停止收責、徵收。此銘『責』是名詞，當是徵收之物，即貢賦之類。『責』原義爲徵收，後所徵收之物也稱爲『責』。『王令兮甲政𤔲成周四方責至于南淮尸』，是説命兮甲主管成周四方諸侯各國及南淮夷繳納的貢賦都集中於成周，故在成周設官以主管其事。

『淮尸舊我貟晦人，毋敢不出其貟其責』。『貟』或又作『𧶠』，郭沫若謂『即貝布之布之本字』。『晦』郭沫若謂『當讀爲賄』，『貟晦人』『猶言賦貢之臣』（兩周金文辭大系兮甲盤考釋，下引郭説皆見此文）。楊樹達謂『晦』當讀爲『貿』，并解釋云：『淮夷舊我貟晦人，謂淮夷本以與周相貿易之人也。』『毋敢不出其貟其責，第二其字義與之字同』，『謂毋敢不出其帛之積也』。這些解釋顯都是任意猜想，改字以牽就己説，語句也難講得通順。『貟』就是『帛』字，『晦』

說文以爲即是『畝』字。我以爲二字都應如字讀。『帛晦人』就是織帛種田的人，也就是納帛納責的人。『帛晦人』，師寰簋作『帛晦臣』，南淮夷原是臣服於周的，所以要向周繳納貢賦。這句話是說南淮夷原是向周納貢賦的人，不敢不出其應繳納的帛和徵收之物。從這句話看，『責』和『帛』似有區別的，是不同的實物。『帛』當就是布帛，即孟子所說的『布縷之徵』。『責』所徵收的是什麽還難確指。由這句話也可以看到周代凡蠻夷臣服於周者，也必須向周繳納貢賦。

殷器有小臣缶鼎，銘云：『王易小臣缶（缶）湡責五年。缶用作亯太子乙家祀隮。黃父乙。』（三代吉金文存卷三）

『責五年』是什麽意思？從辭義看，『責』非是徵收的賦稅不可。『湡』是地名。這是說王把湡這個地方五年的賦稅賜給小臣缶，也即是歸小臣缶徵收。這裏說『太子乙』，此器必是乙爲王太子時所作。殷晚期諸王以乙名者有武乙和帝乙，此器不是康丁時作，便是文武丁時作。據此，殷代已有徵稅的制度了。這一點很重要，這對研究殷周的土地制度、賦稅乃至社會性質，都很有幫助。

『其進人其賓，毋敢不即餗即峕（市），敢不用令，則即井𢉩伐。』郭沫若謂『其進人』是力役之徵，『賓』即『貯』字，『其貯』是關市之徵，并且說：『淮夷有力役之徵，而諸侯百姓則僅有關市之徵，此可見待遇之有差別。』這顯是隨心所欲的話。楊樹達謂『進爲納入』，『第二其字義與之字同』。這不僅釋字没有根據，也不成文句。『進人』從辭意看，疑是謂進入境內之人。

『賓』是『貫』。『其進人其貫』，是説蠻夷進入境内爲商賈。『餗』，楊樹達釋『次』，是行軍所止之處。楊氏以此器爲周宣王伐玁狁時作，『餗』即周宣王伐玁狁行軍所止之處，即是置廬。按卜辭有云：『（缺）在罕餗，貞，往來亡𡿧』。（前二、一、六）『在魡餗，隻中田。』（前一、三三、一）『餗』顯都不是行軍所止之處。『餗』蓋是指一定的地方。這句話是説進入境内的人做買賣，必須要到一定的地方和市上去，如不聽從命令，就要處以刑罰乃至討伐。

『其隹我諸侯百生氒貫，毋敢不即市，毋敢或入䜌宊貫，則亦井』。『生』即『姓』字，『百生』即『百姓』。『䜌』翁同書、孫詒讓、吴闓生、楊樹達都釋『闌』，讀爲『闌』。郭沫若釋『蠻』，此字釋蠻是對的。但郭氏謂『入䜌宊貯』『是諸侯百姓亦有爲避免徵税而逃入蠻方者』，則又是臆説了。『宊』即『宄』字。説文云：『宄，姦也。』這句話是説：周之諸侯及百姓有爲商賈者，也必須到市上去，不許非法地進入蠻夷境内去經商，否則也要處罰。

這篇銘辭考釋者很多，但都未能通讀。有的解釋錯誤，有的甚至隨意猜想，信口雌黄，造成混亂。我這樣解釋，字義、辭義明白易曉，全辭可暢通無礙。王國維説：『文無古今，未有不文從字順者』，這句話一點也不錯。從這篇銘辭就可以看到。

王國維説：此器『足以羽翼經史』（觀堂别集兮甲盤跋）。這篇銘辭的確是不失爲一篇有價值的史料。這裏所記述的事實幫助我們了解到周代的一些歷史情况。它記載了周伐玁狁的事。這可以與文獻所記相印證，使我們對玁狁和它與周的關係了解得更多和更具體一些。它記述了周與淮夷的關係。淮夷曾是周的『帛畮人』，是臣服於周，向周納貢的。由此又可以了解到，蠻夷臣服於周者，必須向它納貢。這點過去文獻記載都没有見到過。這篇銘辭又記述了當時商業情況。記載雖然很簡略，但由此我們可以窺見當時商業大概的情形。當時已有專供商賈交易的市。當時已有『諸侯百姓』，也即是貴族從事經商。當時中原地方和蠻夷之間已有商業往來，但周對人民往蠻夷境内去經商還是禁止的。從這些情況看，當時商業已有相當程度的發展，商業的範圍已相當的廣大，商業所得的利益已相當的豐厚。

此器王國維謂是周宣王時器，此器所述周伐玁狁與詩小雅六月所詠周伐玁狁即同屬一事。此器之兮伯吉父即是六月的吉甫。許多人都信從此說。此說是否正確，我覺得不無可疑。

我疑六月是周平王時詩，此器也是周平王時器。以六月爲宣王時詩，是詩序之說。其說是否正確，實難以肯定。按六月云：『玁狁匪茹，整居焦穫，侵鎬及方，至於涇陽。』史記匈奴列傳云：『周幽王用寵姬褒姒之故，與申侯有郤。申侯怒而與犬戎攻殺周幽王於驪山之下，遂取周之焦穫而居於涇渭之間，侵暴中國。』史記所述犬戎侵周的情況與六月所述顯然相同。史記顯是根據六月的，是司馬遷以六月爲犬戎滅周以後的詩，犬戎就是玁狁。從詩所述的情形看，也應以六月爲周東遷後詩爲是。六月云：『侵鎬及方。』又云：『來歸自鎬。』可知玁狁是侵占了鎬的。鎬和方是什麽地方，舊時注者都没有明確的解釋。傳只云：『皆北方地名。』關中地方除了周都鎬京以外，不聞别有地方名鎬者，所以鎬非周都之鎬莫屬。『方』，王國維謂是朔方（觀堂集林鬼方昆夷玁狁考）。這乃是根據出車傳説的。但方之地望究在何處，還是不知道。從詩意看，其地應與鎬及涇陽相去不遠。玁狁侵周，兵鋒至於鎬京及其附近之地，若這是宣王時詩，便與史實不合。周宣王時没有玁狁侵占鎬京之事。這只能是周平王時事。周平王時，犬戎攻周，侵占了周都鎬京。

吉甫又見於崧高。六月和崧高都是吉甫作的，二者是同時詩。崧高過去也以爲是周宣王時詩，我以爲也是周平王時詩。此詩是詠申伯邑謝的。申伯實不是宣王之舅而是平王之舅。申原是西周的國家。周幽王寵褒姒，廢申后及太子宜臼，立褒姒爲后，以褒姒子伯服爲太子。申侯怒，與繒、西戎及犬戎攻殺幽王及伯服。幽王既死之後，虢公翰又立王子余臣，周二王并立。犬戎支持王子余臣，轉而進攻平王及申侯，申侯爲其所敗，乃東徙於謝，平王也東遷於洛。關於這一點，我曾草周室東遷考一文，考證其事，這裏不多説了。據此，我認爲吉甫應是周平王時人，六月也應是周平王時詩。如此器之吉父就是六月的吉甫，則此器也應是周平王時器。

從此器的銘辭看，也有可疑之處。銘辭云：『王初各伐厰執於䉛盧。』這當是周王第一次伐玁狁。這次戰争之地是䉛盧。如此銘所述和六月所詠即是一事，都是周宣王時事，則事理便有些難通。六月云：『玁狁匪茹，整居焦穫』和涇水以北之地。焦穫爾雅釋地郭璞注謂是池陽縣瓠中，漢池陽縣及瓠中。其地正在豐鎬之北，逼邇周都。䉛盧王國維謂是彭衙（觀堂集林鬼方昆夷玁狁考），其地在今陝西白水縣東北。如這次戰争是周宣王時事，周人進軍應由鎬京出發。周爲什麽不進攻逼迫周都玁狁所盤據之地的涇水北岸之地及焦穫，以解玁狁對鎬京的威脅，而攻遼遠的彭衙呢？行軍用師恐不如此。如這是周平王時事，則就好解釋了。這是周平王時進攻犬戎，進軍是由東向西，所以進攻洛水東北的彭衙。史記秦本紀：『襄公十二年，伐戎，至岐卒。』秦襄公十二年即周平王五年，與此銘『隹王五年』相合。秦襄公十二年伐戎，也是周東遷後第一次伐犬戎，這與此銘『王初各伐玁狁』也相合。此器是周平王時器是很可能的。這次戰爭蓋是周與秦東西夾攻犬戎。

一九六八年二月廿九日舊歷除夕草於合肥師院西平房

一九六八年十二月二日重改抄

蔡簋考釋

隹元年既望丁亥，王才雝应。日，王各廟。即立，宰曶入右希（蔡）立中廷。王乎史尤冊令蔡。王若曰：蔡，昔先王既令女（汝）作宰，嗣王家。今余隹[illegible]乃令，令汝眔曶[illegible]正對各，夗嗣王家外內，毋敢又（有）不[illegible]嗣百工，出入姜氏令。氒又（有）見，又（有）即令，氒非先告蔡，毋敢[illegible]又（有）入告。女毋弗善效姜氏人，勿吏（使）敢[illegible]止從獄。易女幺衮衣，赤舄，敬夙夕，勿灋朕令。蔡拜手䭫首，敢對揚天子不顯魯休，用作寶簋。蔡其萬年眉壽，子子孫孫永寶用。

「令汝眔䊵正對各」。「䊵」或又作「𨚕」。這個字過去釋者不一，或釋「繼」，或釋「駿」，或釋「姘」，或釋「併」，或釋「𢍱」，或釋「措」，或釋「攝」，或釋「兼」，或釋「劉」。這許多解釋都難信從。容庚金文篇認爲不識，列於附録。這個字偏旁不能全認識，實難以確定是什麽字，還是「不知蓋闕」爲宜。這個字常與「𤔲」連用，如番生毁：「王令𨚕𤔲公族，卿事大史寮」。諫簋：「先王既令汝䊵𤔲王宥」。這與「官𤔲」「政𤔲」語例相近。「正」字有釋「足」或「世」者，都不可通。從辭意看，應是「正」字。「䊵𤔲」意蓋與「官𤔲」「政𤔲」略同，有主管之意。「對各」郭沫若和吴闓生都謂是二人名。（郭説見兩周金文辭大系蔡簋考釋，下舉郭説皆見此文。吴説見吉金文録龍敦，下舉吴釋皆見此文）于省吾釋「各」爲「格」。也都説不過去。我以爲「各」蓋讀爲「客」。金文「客」和「各」可以通用，原即是一個字，「各」後孳乳爲「客」。「對各」是説接對賓客。「令汝眔舀䊵正對各」，是説命蔡和舀二人主管接對賓客。

「𣦼𤔲王家外内，毋敢有不𦖞𤔲百工，出入姜氏令。」這句話郭沫若讀：「死𤔲王家外内，毋敢有不𦖞（聞），𤔲百工，出入姜氏令。」吴闓生讀：「死𤔲王家外内，毋敢有不䎽，𤔲（嗣）百工出入姜氏令。」于省吾讀：「死𤔲王家，外内毋敢有不䎽，𤔲百工，出入姜氏令。」這樣句讀顯然都不妥當。這實應該讀：「死𤔲王家外内，毋敢有不𦖞𤔲百工，出入姜氏令。」「死」字學者釋「尸」，主也，是對的。「死」實即是「屍」字。「死」義爲死亡，也爲人死後之屍體。漢書陳湯傳：『漢遣使三輩至康居，求谷吉等死。』師古云：『死，尸也。』又説文云：『葬，藏也，从死在茻中』，這也可以證明『死』義爲屍體。『死』字後加『尸』爲『屍』。『尸』字則是後世假用的。説文云：『屍，終主也。』這是説『屍』字有終及主兩種字義。『死』義爲主，『死嗣王家外内』，這是説主管王家内外之事。『𢝊』金文作『』。這個字説文謂是『婚』及『昬』字的古文。金文又用作『聞』。在這裏不能釋『婚』，也不能釋『聞』。這應該釋『昬』。爾雅釋詁云：『昬，彊也。』尚書盤庚：『不昬作勞。』僞孔傳云：『昬，彊也。』正義云：『鄭玄讀昬爲敃，訓爲勉。』西京賦：『何必昬於作勞。』薛綜注云：『昬，勉也。』爾雅釋詁又云：『强，勤也。』從這些訓釋看，『昬』有彊勉、勤勉之義。『𢝊嗣百工，出入姜氏令』，當是説勤勉司管百官，出納姜氏的命令。從前後文意看，似此時周王死，嗣王初立，母后姜氏聽政。此器郭沫若謂是夷王時器。史記周本紀云：『懿王崩，共王弟辟方立，是爲孝王。孝王崩，諸侯復立懿王太子燮，是爲夷王。』世本云：『恭王生懿王。懿王崩，弟孝王立。孝王崩，懿王太子燮立，是爲夷王。』（禮記郊特牲正義引）史記三代世表也謂孝王是懿王弟。不論孝王是恭王弟還是懿王弟，懿王死，太子燮未得繼立，而孝王立爲王。懿王的太子爲什麽未能繼他的父親爲王呢？從孝王死，諸侯復立懿王太子燮爲王來看，這當是由於懿王死時太子燮年幼，孝王乘機篡位。孝王死，孝王子又未得位，而諸侯復立懿王太子燮爲王，此時顯有争奪王位的鬥争，夷王乃是藉諸侯之力始得立爲王的。此時政局動亂，王又年幼，故母后聽政。

『氒又見，又即令，氒非先告蔡，毋敢⿸厂大又入告』。『見』是來朝見者，『即令』是謂受命。尚書金縢：『今我即命於元龜。』僞孔傳云：『就受三王之命於大龜。』定公四年左傳：『用即命於周，使之職事於魯。』杜預云：『即，就也。』免簋：『井叔有免即令，王受作册書，卑册令免。』趞簋：『王各大廟，𡨦叔右趞即立，內史即令。』『即令』顯都是受命。『⿸厂大』，郭沫若釋『戻』讀爲『汱』，『言恣縱也』。這辭意不可通，錯誤顯然可見。吳闓生、于省吾都釋『⿸厂大』爲『疾』，於『毋敢疾』斷句。吳解釋云：『有來見者，有即命者，非先告蔡，毋得亟於從事。』這顯然也是臆説。這個字可以看出是作『⿸厂大』，从『厂』从『大』。我疑這乃是説文『仄』字的籀文『⿸厂矢』字。因爲摹寫錯誤，以致字形不正確，從辭義、語氣和聲音看，『⿸厂大』在此蓋讀爲『輒』。『輒』是個語助詞，沒有本字，只有假用同聲音的字，所以或假用『輒』，或假用『⿸厂矢』。這句話是説凡是來朝見或受命者，必須先報告蔡，不先報告蔡，不能入告母后姜氏。

『女毋弗善效姜氏人，勿使敢有⿸厂大止從獄』。『效，教也。』姜氏人當是指后黨或是其左右的人。郭沫若釋『⿸厂大止』爲『鈇趾』，『從獄』爲『縱獄』。吳闓生讀『勿使敢有疾』爲句，『止從獄』爲句。他解釋云：『雖有人以事告女，女若不先教導姜氏人，使勿敢有急疾從事者。』『止從獄』是『不得以訟獄從事』。這樣解釋，不成文理。我們説『⿸厂大』乃是『⿸厂矢』字，在此仍用爲『輒』。『止』義爲拘留、拘捕。僖公十五年左傳：『梁由靡御韓簡，虢射爲右，輅秦伯，將止焉。』宣公五年左傳：『春，公如齊，高固使齊侯止公。』宣公七年左傳：『晉人止公於會。』此處

『止』義即與左傳這些『止』相同。『從』即昭公二十年左傳：『縣鄙之人，入從其政』之『從』，也即是『從事』之『從』。『獄』爲獄訟。國語周語：『夫君臣無獄。』韋昭云：『獄，訟也。』『汝母弗善效姜氏人，勿使敢有𡆮止從獄。』這是説你要好好教導姜氏人，不要使他們敢於隨便拘留從事獄訟的人。

一九六八年三月十七日草
一九六九年十月十九日重抄

⿱日王盨考釋

（缺）又進退，雩邦人，正人，師氏人又（有）辠又（有）辜，廼騶倗即女，廼繇宕卑復，虐逐氒君氒師，廼乍（作）余一人咎（？）。王曰：⿱日王，敬明乃心，用辟我一人，善效乃友内辟，勿吏（使）虘虐從獄，受奪𠭯行道。氒非正命，廼敢𡆮嗾人，則唯輔天降喪，不斤（廷）唯死。易女（汝）䰜鬯一卣，乃父巿，赤舄，駒車，桒較，朱虢，圅靳，虎冟，㯻裏，畫轉，𨏖，金甬，馬四匹，鋚勒。敬夙夕，勿灋朕命。⿱日虫拜䭫首，對揚天子不顯魯休，用作寶盨，叔邦父，叔故萬年子子孫孫永寶用。

郭沫若説：『邦人猶邑人，奴隸之從事生産者也。正人，政人胥徒之屬。師氏人即卒伍，奴隸之從事公務者也。』（兩周金文辭大系考釋𤔲盨，下引郭說皆見此文）這不是按照銘辭本身所説的解釋辭意，而是帶著自己的偏見和主觀願望想像辭意的。我國古代稱國爲邦，邦人顯就是國人。國語周語：『厲王虐，國人謗王』，『彘之亂，宣王在邵公之宮，國人圍之』，國人顯然不是奴隸。『正人』和『師氏人』，楊樹達謂『正人』是『謂長官之部屬』，『師氏人』是『謂三軍之徒屬』（積微居金文説𤔲盨，下引楊説皆見此文）這是對的。『正人』和『師氏人』，也決不是奴隸。

『騖』郭沫若釋『耤』，『余一人』下一字吴闓生釋『服』（吉金文録寅簋，下引吴説皆見此文），郭沫若釋『咎』，都不的確。這兩個字都不認識。『繇宕』楊樹達説是『寬縱其過之意』，『迺騖倗即汝，迺繇宕，卑復虐逐氒君氒師，迺乍余一人咎』，文意是説：『若對於邦人及長官軍旅之部屬有罪者寬縱不治，則彼等將益無所畏忌，進而虐逐其君長，於是乃爲余一人之咎過也』。這也不免只是揣測。這句話是很不容易解通的。

『善效乃友内辟』。吴闓生云：『效，教也。』楊樹達云：『效當讀爲教。』這是對的。但他們都讀『内』爲『入』。吴闓生解釋云：『效，教也。善教乃僚友入輔弼。』楊樹達釋云：『此命𤔲善教其寮屬使入而事君也。』這則是錯誤的。『辟』即便嬖之『嬖』。『内辟』即王左右的嬖人，也即是𤔲的僚友。莊公二十八年左傳：『驪姬嬖，欲立其子，賂外嬖梁五與東關嬖五。』昭公三年左傳：『燕簡公多嬖寵，欲去諸大夫而立其寵人。冬，燕大夫比，以殺公之外嬖。』『内辟』和『外嬖』是相對的。嬖人後世都以爲是人君寵信的邪佞小人。其實并不然。宣公十二年左傳：

『楚子北師，次於郔。沈尹將中軍，子重將左，子反將右，將飲馬於河而歸。聞晉師既濟，王欲還。嬖人伍參欲戰。』成公二年左傳：『知罃之，父成公之嬖也。』襄公二十四年左傳：『晉侯嬖程鄭，使佐下軍。』伍參是伍奢的祖父，也即是伍子胥的曾祖。知罃的父親是荀首，程鄭是下軍佐，這些人顯然都是卿大夫，而不是佞幸小人。嬖人實是相當重要的。昭公十年左傳：『又飲外嬖，嬖叔曰：汝爲君目，將司明也。』荀子君道篇：『便嬖左右者，人主之所以窺遠收衆之門戶牖嚮，不可不早具也。故人主必將有便嬖左右足信者然後可。其知惠足以規物，其端誠足使定物然後可。夫是之謂國具。』嬖人乃是人君的耳目，人君通過他們了解外面情況，所以要選擇有才智和端正的人充任，可見必不是邪佞小人。因爲嬖人在人君左右，爲人君所親信。其奸猾者或借勢弄權，進讒言以中傷人，故後世遂目嬖人爲邪佞之人了。

『勿使虣虐從獄。』楊樹達說：『勿使虣虐從獄者』，『虣虐失之猛，從獄失之寬，皆非執中用法之道也』。此説甚謬。這句話是説曶應該教其僚友内辟，勿使他們暴虐對待從事獄訟的人。

『受奪⿰虘攵行道』。楊樹達云：『受奪⿰虘攵行道義不明。⿰虘攵説文訓叉取，奪⿰虘攵行道，疑即今語之言路劫。』這句話的意思確是如此。只字義楊氏未全了解。説文云：『⿰虘攵，叉卑也。』釋名姿容篇云：『摣，叉也，五指俱往叉取也。』『⿰虘攵』與『摣』義同。方言云：『抯、摣，取也。』廣雅釋詁云：『摣、抯，取也。』『⿰虘攵』義與『摣』相同，也應爲取。按古从『虘』作的字往往省从『且』作。如説文『⿺辶且』籀文作『⿺辶虘』，『罝』籀文作『⿱罒虘』，『⿰氵虘』水漢書地理志和水經注都作『沮』

水。玉篇『樝』又作『柤』，『詛』又作『謯』或『䙡』。由這演變的規律看，『担』和『摣』也必是『叡』字的省變，原就是一個字。『受奪叡行道』是說奪取行旅往來的人。

『毋非正命，廼敢仄噝人，則唯輔天降喪，不廷（？）唯死』。『正』即正長。爾雅釋詁：『正，長也。』『仄』即『仄』字。這和蔡簋『仄』字相同。在這裏也是假爲『輒』。『噝』字孫詒讓釋『絢』，義爲拘。（古籀拾遺寅簋）陳介祺釋『訊』。詩出車和采芑：『執訊獲醜。』虢季子白盤：『執噝五十。』『執噝』和『執訊』語例一樣，釋『噝』爲『訊』是可以的。但此字的字義爲何仍不能由此推見。說文云：『訊，問也』，與詩意不合。詩出車傳云『訊，辭也』，也不可通。鄭玄箋云：『訊，言，醜，衆也。執其可言，向所獲之衆以歸者，當獻之也』。這更是胡亂曲解。虢季子白盤：『折首五百，執噝五十。』敔毁：『𢦏首百，執噝卌。』師寰簋：『折首執䋁。』『䋁』很明顯是俘虜。我疑『噝』義爲執。一九六五年，陝西郿縣出土盠駒尊，銘云：『隹十又二月辰在甲申，王初執駒於㡿。』另一器云：『王噝駒㡿。』可知『噝』義當與『執』相同。『噝人』意當是謂拘捕人。『輔』義爲助。『不』下一字不識，舊都釋『廷』，難必。『毋非正命，廼敢仄噝人，則唯輔天降喪，不廷唯死』。這蓋是說，不是正長的命令，敢有擅自捕人者，乃是助天降喪，是不對的，應當處死刑。

一九六八年三月廿八日草

一九六九年十月三十一日重抄

㝬鐘考釋

王肇遹眚文武，堇疆土。南國𠬝孳敢臽虐我土。王𦎫伐，其至𢦏伐氒都。𠬝孳廼遣閒來逆，卲王。南尸、東尸具見，廿又六邦。隹皇上帝百神，保余小子。朕猷又成亡競。我隹司配皇天，王對作宗周寶鐘，倉倉悤悤，雉雉雝雝，用卲各不顯祖考先王。先王其嚴在上，𦤎𦤎數數，降余多福。福余乃孫，參壽隹琍。㝬其萬年，畯保四或。

『王肇遹眚文武，堇疆土』。『眚』郭沫若釋『相』，『遹相文武』，『如今人言觀摩也』（見兩周金文辭大系 宗周鐘考釋）。吴闓生、于省吾都讀『王肇遹省文武堇疆土』爲一句。吴謂這是説『遹省文武所勤之疆土』（吉金文録）。于謂這是『言王始省察文武所勤勞撫有之疆土』（雙劍誃吉金文選）。釋『遹省』爲『觀摩』，很明顯，毫無根據，文義也不可通。吴、于之説顯也是增字曲解。爾雅釋詁云：『遹，述也。』『眚』，是『省』字，也即是『循』字。『遹循』是謂繼承和遵循。『勤疆土』當是説勤於開拓疆土。『王肇遹省文武，勤疆土』，是説周王繼承和遵循周文王、武王的事業，勤於開拓疆土。

『王𦎫伐，其至𢦏伐氒都』。孫詒讓讀『王𦎫伐其至』爲句（古籀拾遺）。學者多從其説。這樣句讀，我總覺得不甚自然。『其至』意當是指來入侵者，謂來入侵者爲『其至』，總有點不太好講。我疑『其至』是屬下讀。『至』讀爲『致』。『其至戭伐』語例與尚書湯誓『致天之伐』略同。又國語周語：『夫三軍之所尋，將蠻夷戎狄之驕不虔，於是乎致武』。『至戭伐』與『致武』語例也相近。『王辜伐，其至戭伐氒都』，是説艮子來侵，周王討伐，進攻其都城。這樣句讀和解釋，語句和辭意似都比較暢順些。

『艮孳迺遣閒來逆，卲王。』『卲』孫詒讓初釋『昭』，也就是孟子滕文公章『紹我周王』之『紹』。爾雅釋詁：『昭，見也。』孟子『紹我周王』，趙岐注云『願見周王』。『卲王者，見王也。』（古籀拾遺）後又以『卲』爲爾雅釋詁『詔，導也』之『詔』。（籀膏述林）郭沫若、吴闓生、楊樹達都謂『卲王』就是周昭王（郭説見兩周金文辭大系，吴説見吉金文録，于説見雙劍誃吉金文選）。

以『卲王』爲周卲王，顯然難信。這樣解釋，語法修辭都説不過去。如『卲王』是周昭王，『艮孳迺遣閒逆昭王』，在造句上只要説『艮孳迺遣閒來逆』即可，後面加上『卲王』二字，反而累贅。其次，上面『王肇遹省文武』，『王辜伐』，下文『王對作宗周寶鐘』，都只稱王，何以這裏獨稱昭王呢？按這是周王自己作器，即使當時還是生稱，昭王總不能自稱昭王。所以以『昭王』爲周昭王，是難説得通的。

孫詒讓之説也不完全對。『卲』釋『昭』和『紹』是正確的。『昭』和『紹』都是由『卲』演變來的。『卲』金文有作『𠨍』者（厵羌鐘），後省作『昭』。『紹』字説文謂古文作『綤』，顯是『卲』加『糸』，後省作『紹』。但根據爾雅釋詁和孟子趙岐注解『昭』，『紹』爲『見』則非是。

釋『卲』爲『詔』也不正確。金文有『卲』『召』『□』三個字。『卲』爲『昭』，『召』義爲召呼、召喚。『□』多用爲召公之『召』，從不相亂。『□』後世改用『召』或『卲』，於是『□』字遂廢，其義也就不得而知。晉姜鼎『用畱匹辝辟』。郭沫若謂『畱』通『詔』，即爾雅釋詁『詔、相、導，左右助，勴也』之『詔』。從辭意看，這是對的。『詔』也是後世假用的。『詔』與『卲』『紹』不是一個字，義不相同，『紹』不能釋『詔』。

我以爲此處之『卲』和孟子之『紹』義都爲尊。國語周語：『昭神能孝。』韋昭云：『昭，顯也，尊而顯之。』可知『昭』有尊顯之義。詩大明：『維此文王，小心翼翼，昭事上帝，聿懷多福。』『昭事上帝』意和『昭神』一樣，『昭』義也必爲尊。尚書召誥『王來紹上帝，自服於土中』，『來紹上帝』意和『昭事上帝』一樣，『紹』義也當爲尊。毛公鼎『用卲皇天』、秦公鐘『㠯卲皇祖』，『卲』義也當爲尊。孟子：『紹我周王』，是説尊我周王。孟子云：『有攸不惟臣，東征。綏厥士女，匪厥玄黄，紹我周王，見休。惟臣附於大邑周。其君子實玄黄於匪以迎其君子，其小人簞食壺漿以迎其小人。救民於水火之中，取其殘而已矣。』這是説攸不服從於周，周伐攸，爲民除殘，攸人民推尊周王，願爲周臣。此銘云『𠬝子廼遣間來逆，卲王』，是説𠬝子派人來迎接，尊王，也即是服從於周。因爲尊王，所以南夷和東夷二十六邦都來見。這樣，文意便能連接。

『我隹司配皇天』。『司』讀爲『嗣』。詩皇矣：『天立厥配，受命既固。』馬瑞辰毛詩傳箋通釋云：『天立厥配正與作對同，謂立君以配天也。古以受天命爲天子爲配。莊子堯問篇堯問於許由曰：齧缺可以配天乎？郭象注謂爲天子。荀子大略篇：配天而有天下者。君奭：故殷禮陟配天。召誥：其自時配皇天。皆以人主受天命爲配天。文王篇：殷之未喪師，克配上帝。配上帝亦配天也。天立厥配，宜指王配天而言。』此説至確。又詩思文：『思文后稷，克配彼天』，這當也是説后稷配天爲天子。毛公鼎：『皇天弘猒氒德，配我有周。』這當也是説滿意周有德，以周爲配，即以周王爲天子。『我隹司配皇天』，是説我嗣位爲天子。

一九六八年四月廿四日草

一九六九年一月三日重抄

趙孟介壺考釋

禺邗王于黄池，爲趙孟庎。邗王之惖金，台爲祠器。

陳夢家謂『禺』讀爲『吴』，『禺邗王』即吴王。釋『惖』爲『愓』，説文云：『愓，敬也。』『惖金』即『敬金』。『庎』假爲『匄』，予也。他句讀此銘爲『禺邗王于黄池，以趙孟庎之惖金，以爲祠器』，并且説全辭應讀作『禺邗王于黄池，以趙孟介邗王之惕金爲祠器』。名此器爲『禺邗王壺』。（禺邗王壺考釋見燕京學報第二十一期）。陳氏的訓釋，句讀無一可通，全辭不合文法，不成文理。

唐蘭説『禺』是『遇』字。『庎』爲擯介之『介』。『惖』讀『錫』。全辭句讀是『禺邗王于黄池，爲趙孟庎，邗王之惖金，以爲祠器』。作器者爲趙孟介，不過没有説出他的名字。這完全正確。

此器没有主名，只云爲趙孟介。這是誰呢？我以爲可以認定就是司馬寅，也即是董褐。我國古代，諸侯會遇及卿出使都有介，介是副的意思。荀子大略篇：『諸侯相見卿爲介。』楊倞云：『介，副也。』國語周語：『及魯侯至，仲孫蔑爲介。』昭公元年左傳：『楚公子圍聘於鄭，且娶於公孫段氏，伍舉爲介。』昭公五年左傳：『晉韓宣如楚送女，叔向爲介。』儀禮士冠禮：『擯者請期』，鄭玄注云：『擯者有司佐禮者，在主人曰擯，在客曰介。』國語周語韋昭注云：『在賓爲介，介，上介所以佐儀也。』昭公七年左傳：『公如楚，鄭伯勞於師之梁，孟僖子爲介，不能相儀，及楚，不能答郊勞。』介是掌相會時的禮節儀式的。昭公十五年左傳：『晉荀躒如周葬穆后，籍談爲介。既葬除喪，以文伯宴，樽以魯壺。王曰：伯氏，諸侯皆有以鎮撫王室，晉獨無有，何也？文伯揖籍談。對曰：……』哀公十五年左傳：『子服景伯如齊，子贛爲介。見公孫成，曰：……陳成子館客，曰：寡君使恒告曰：寡人願事君如事衛君。景伯揖子贛而進之，對曰：寡君之願也』。據此，一切相儀、對答及往來交涉之事都由介當任。哀公十三年左傳：『趙鞅呼司馬寅曰：日旰矣，大事未成，二臣之罪也。建鼓整列，二臣死之』。趙鞅以爲盟會與吴争長不能解決，是他和司馬寅二人之罪。他要司馬寅和他二人準備一死，與吴決戰。可知司馬寅必是趙鞅之副無疑。左傳又云：『對曰：請姑視之。反，曰：肉食者無墨，今吴王有墨，國勝乎？太子死乎？……』是往來於晉吴之間者爲司馬寅。這也可以推知他是趙孟之介。此器應是司馬寅所作。司馬寅吴語作董褐。韋昭云：『董褐，司馬寅也。』二人即是一人。

『邗王之惖金。』陳夢家對這句話的解釋顯然是錯誤的。唐蘭説『之錫』是『錫之』的倒文。『邗王之錫金』即『邗王錫之金』。這樣改變原辭的語句，似也不甚妥當。這裏關鍵是『之』字是什麼意思。他們都以爲『之』字在此是個指事代詞，解釋就必然難通。我以爲『之』字在此實是個助詞，義爲是。『之』字這樣的用法古書習見。如尚書金縢：『爾之許我』，國語周語：『古之聖王唯此之慎』，史記范雎列傳：『夫韓中國之處』。『爲趙孟介，邗王之錫金』，是説他爲趙孟介，邗王錫他金。古代聘使往還，主人都要賜使者及介以禮物。如成公十三年左傳。『三月，公如京師，……孟獻子從，王以爲介而重賄之』。國語周語：『及魯侯至，仲孫蔑爲介。王孫説與之語，説讓，説以語王，王厚賄之』。

一九六七年十二月十六日草

一九六九年十一月十日重抄

驫羌鐘考釋

唯廿又再祀，驫羌作戎，氒辟𠦝（韓）宗。敵⿺辶率征秦遨齊，入長城先，會于平陰。武侄寺力，⿱宀譶敓楚京。賞于韓宗，令于晉公，卲于天子。用明則之于銘，文武咸刺，永葉毋忘。

『驫羌作戎，氒辟韓宗』。過去考釋此銘者劉節、吴闓生、于省吾都讀『驫羌作戎氏辟𠦝宗敵』爲句。他們都以『戎』字後一定是『氏』字，『戎氏』即是戎族。『𠦝』劉節和吴闓生都釋『陽』，『陽宗』劉節謂是大宗，吴闓生謂是戎氏君號。『敵』劉節謂是編鐘之原始名，吴闓生謂是樂器名（劉説見古史存考驫氏編鐘考，吴説見吉金文録驫羌編鐘）。郭沫若讀『驫羌作戎』爲句，『氒辟韓宗敵』爲句。謂『戎』假爲『鏞』，『𠦝』是『韓』字，『宗』義爲君，韓宗即韓君，『敵』是韓君之名（見金文叢考驫羌鐘考釋及兩周金文辭大系驫羌鐘考釋，下引郭説皆見此二文）。楊樹達讀『驫羌作戎氒辟韓宗敵』爲句，謂『乍』讀爲『佐』。這句話是説『驫羌佐戎事於其君之韓宗敵』（見積微居金文説驫羌鐘跋，下引楊説皆見此文）。這些句讀和解釋都不正確。我以爲這應讀『驫羌作戎』爲句，『氒辟韓宗』爲句，『敵』字屬下讀。『作戎』意謂从戎。『辟』字學者都以爲義爲君，這是錯的。『辟』在這裏乃是個動詞而不是名詞，義與師望鼎『用辟于先王』，量盨『用辟我一人』，叔尸鐘『是辟于齊侯之所』諸『辟』字一樣。『氒』是個助詞，不是冠詞。『宗』郭沫若謂義爲君是對的。近時河北平山縣出土戰國中山王壺述燕王噲讓位於子之，『臣宗易位』，『爲人臣而仮臣其宗』。『宗』義顯爲君。『韓宗』即韓君。這句是説厲羌从戎，爲韓君之辟臣。

『敵𨗱征秦遫齊』。『敵』學者都謂即説文『徹』字古文『敵』字，這是對的。但謂『敵』是編鐘或樂器或韓君之名，則都是臆想。我以爲『敵』在這裏蓋用爲『輒』。『輒』或又假用『仄』字，如蔡簋：『氒有見有即令，氒非先告蔡，毋敢仄入告』。『輒』是個語助詞，沒有本字，只能假用同聲音的字，所以假用『仄』或『敵』。後世假用『輒』。這和『肇』或用『造』一樣。『𨗱』説文云：『𨗱，先導也』。劉節和楊樹達都以爲即將率之『率』，也即是經傳之『帥』。『遫』他們都釋『迮，迫也』。劉節説：『𨗱征秦遫齊』是『率征秦之師以迫齊也』。楊樹達説：『言厲羌帥師征秦迮齊。』『𨗱』即是『率』，『遫』即是『迮』，是正確的，但對這句話的解釋恐與原意不合。厲羌是韓氏之臣，此時韓猶爲晉卿，厲羌恐還不能爲主帥率領征秦之師以攻秦或帥師攻秦及齊。『𨗱征』又見於小臣謎簋，銘曰：『白懋父承王令易自，𨗱征自五齵貝。』這無論如何不能解爲帥領軍隊。我以爲『𨗱』在這裏義當爲從。爾雅釋詁云：『適、遵、率、循、由，從自也。』宣公十二年左傳『今鄭不率』，杜預云『率，遵也』，遵也就是從。『敵𨗱征秦遫齊』，是説厲羌從戎爲韓氏之臣，使隨從征秦迫齊。

『入長城先』。學者多讀『入長城』爲句。楊樹達謂『入長城先』爲句，極是。但他又說：『言厲羌師師征秦迫齊，入長城時爲先鋒也』。并引員卣『員從史旝伐會，員先内邑』爲證。這又不妥當了。『先』義實只爲先後之先。『入長城先』，是説攻長城時，他先入城，并不是説征秦迫齊入長城他都爲先鋒。員卣『員先内邑』，也是説先入城，而不是説員是先鋒。

『武侄寺力，譶敚楚京』。劉節謂『寺乃恃之借字』，『侄』即成公十八年左傳『使訓群騶知禮』之『群騶』。『群騶』孔武有力，故曰：『武侄恃力。』『譶敚楚京』是『晉戎是役，征秦迫齊，武侄猶欲恃力奪楚而未果』。吴闓生謂『侄騺同字』，『寺即峙』，『楚京』是『楚國高原之地』。楊樹達謂『寺』當讀爲『之』，『譶』讀爲『慴』，『武侄寺力，譶敚楚京』，是『謂晉軍征秦迫齊，勇武擣擊之威力，使楚都之君臣惕懼而奪氣』。這些解釋顯都是凭主觀想像，任意亂猜。吴闓生説：『此文以伐楚爲主，特先言征秦迮齊，以取遠勢，文字英邁非常。近人或以衛之楚丘釋之，未喻古人文字之眇也。』又有人説此銘『氣體雄駿，瓌麗醇奥，開漢賦之先河』。辭義還未弄懂，就如此贊美其文章。這樣研究古文字，真叫人啼笑皆非。

郭沫若謂『侄』讀爲『挃』。淮南子兵略篇高誘注云：『挃，擣也。』『寺』即襄公十八年左傳『魏絳、欒盈以下軍克邿』之『邿』。『楚京』，『楚』爲『楚丘』，『京』爲詩定之方中『景山與京』之景山。郭氏此説是正確的。襄公十八年左傳：『冬十月，會於魯濟，尋湨梁之言，同伐齊。齊侯御諸平陰。……魯衛請攻險。己卯，荀偃、士匄以中軍克京兹。乙酉，魏絳、欒盈以下軍克郜。趙武、韓起以上軍圍盧，弗克。』

銘辭所記和這次戰爭地點顯然相同。郡國志云：『濟北國盧有平陰城，有防，有長城至東海』。水經注濟水云：『平陰城南有長城，東至海，西至濟。河道所由各防門，去平陰三里。齊侯塹防門即此也』。銘辭所說的平陰顯就是左傳所說的平陰。銘辭所說的長城顯就是平陰附近的長城。銘辭所說的戰爭地點和左傳所說的相同，則銘辭所說的『寺』必就是左傳的『郜』，『京』也必就是左傳的京茲。郭沫若說京是定之方中的景山。按定之方中：『景山與京』，京和景山分言，不是一地。郭謂：『景山與京』與『莫之與京』同例，言景山與楚丘，堂邑同高大也，不免曲解。

齊國有長城。史記蘇秦列傳云：齊有『長城鉅防，足以爲塞』。正義云：『長城西頭在濟州平陰縣界。竹書紀年云：梁惠王二十年，齊閔王築防以爲長城。太山記云：太山西有長城，緣河經太山餘一千里至琅邪臺入海。』（餘一千里應是一千餘里之誤）。齊長城之修築於何時，史無明文。史記楚世家正義引齊記云：『齊宣王乘山嶺之上築長城，東至海，西至濟州以備楚。』據此，齊長城是齊宣王時修築的。水經注汶水引竹書紀年云：『梁惠成王二十年，齊築防以爲長城。』（前引史記蘇秦列傳正義引有閔王二字，誤）。用竹書紀年勘合，梁惠成王二十年是齊威王六年（公元前三五零年）。是齊威王時曾修築長城。史記六國表：趙成侯七年，『侵齊至長城』。齊威王十二年『趙歸我長城』。用竹書紀年勘合，這應是梁惠成王二年，齊桓公七年（公元前三六八年）。這比齊威王修築長城又早十八年。水經注汶水引竹書紀年：『晉烈公十二年，王命韓景子、趙烈子、翟員伐齊，入長城』。這次戰爭我們認爲與此銘所述即是一役。晉烈公十二年應是周威烈王二十二年，魏文侯四十二年，齊康公元年（公元前四零四年）。是在這次戰爭以前，齊就已有長城了。從這些記載看，齊長城之修築乃始於春秋時代，後陸續增修，最後完成可能是齊宣王時。

『賞于韓宗，令于晉公，邵于天子』。『邵』即『昭』字。『邵』此銘作『鉊』，省即作『昭』。劉節、于省吾都謂『昭』義爲昭告。吳闓生說：『邵，休美也，猶云嘉也。』郭沫若說：『猶言旌表也。』楊樹達說：『邵當讀爲昭，爾雅釋詁云：昭，見也。』此字訓昭告，自然是錯的，解爲旌表和嘉美，也只是推想，不是確詁。楊樹達引爾雅釋詁，『見』應作何解釋沒有說。詩文王：『文王在上，于昭于天。』傳云『昭，見也』，與釋詁相同。『昭于天子』和『于昭于天』語例一樣。此銘『昭』確也應訓『見』。但『見』是什麼意思呢？郝懿行爾雅義疏云：『見有二音……見訓看者音古電切，訓示者音胡電切，爾雅之見實兼二音。』郝氏的意思是說『見』有看和示二義。這沒有了解釋詁的意思。我以爲『見』義應爲顯著。詩文王：『于昭于天。』鄭玄箋云：『文王初爲西伯，有功於民，其德著見於天。』可知『見』義也爲著見。孟子盡心章上：『古之人，得志，澤加於民；不得志，修身見於世』。朱熹云：『見謂名實之顯著也』。漢書地理志：『宣帝時，鄭弘、召信臣爲南陽太守，治皆見』。『見』義也爲顯著。這是說鄭弘和召信臣爲南陽太守，他們治理得好，聲譽顯著。『卲於天子』，是説厲羌在這次戰争中有功，不僅韓君賞賜他，晉侯命以官職，他的聲名周天子也知道，或者也有所賞賜。厲羌以爲榮耀，所以鑄鐘以述其事。

『用明則之于銘』。郭沫若云：『則讀爲載。古音載則相同，故虚字多用載爲則。詩載馳鄭箋：「載之言則也。」廣雅：「載，則也。」周語韋昭注亦同。是載可讀爲則，則亦可讀爲載矣。載者，記也、識也』。于省吾説：『則，常也』，『常，典也』，『言昭明其成功之典常於銘也』。這兩種解釋都不對。詩載馳：『載馳載驅。』傳云：『載，辭也。』箋云：『載之言則也。』高唐賦：『秋蘭茝蕙，江離載菁』，李善云：『載，則也』。這是以『則』訓『載』。按『載』在這裏乃是語助詞，是個假借字，只是假借聲音，没有詞義。所以詩傳只説：『辭也』，不加解釋。『則』也只是假聲的，没有詞義。怎麽能以此來證明『則』義爲記載呢？這在論證的方法上就説不過去。于説也是錯的。『昭明其成功之典常於銘』，這句話就很費解。我以爲『則』就是法則、準則之『則』。『明則之於銘』是説把他的戰功和受於韓君、晉侯及周天子的賞賜和榮顯明白地用銘辭記載下來以爲憑證，使自己文武功烈後世子孫永遠不忘。

『廿又再祀』。有人認『再』字爲『三』字，説這是周靈王二十三年（公元前五四九年）。有人認爲是周靈王二十二年（公元前五五零年），有人認爲是周安王二十二年（公元前三八零年），有人認爲是周威烈王二十二年（公元前四零四年）（温廷敬和陳夢家都主此説。温説見容庚殷周青銅器通論引。陳説見六國紀年。二人考釋我皆未見。）。推斷此器的年代，最重要的是這次戰爭的地點。這次戰爭是在平陰、齊長城一帶。古代記載在這個地區作戰者只有左傳魯襄公十八年（公元前五五五年）晉齊之戰。但魯襄公十八年是周靈王十七年。周安王二十二年説是根據史記田敬仲完世家謂這一年齊伐燕，取桑丘，韓趙魏伐齊至桑丘。這次戰爭的地點與銘辭所説相去很遠，必不是一役。我以爲這應是周威王二十二年。水經注汶水引竹書紀年云：『晉烈公十二年，王令韓景子、趙烈子、翟員伐齊，入長城』。這次戰爭的地點是在齊長城，與銘辭所説的相同。參加戰爭者有韓景子和趙烈子，這與銘辭所説韓君爲將也相合。這次戰爭蓋韓景子、趙烈子都親自率兵前往，魏文侯没有去，只派翟員前往。驫羌則是隨韓景子出征的。據竹書紀年的年代與周年相勘合，晉烈公十二年正當周威烈王二十二年。

據竹書紀年和此銘看，這次戰爭是周王命韓、趙、魏伐齊的。周威烈王爲什麽要命韓、趙、魏伐齊呢？疑這仍是因爲此時齊國發生内變，即齊國的政治發生重大的變化，田氏完全篡奪了齊國的政權。水經注瓠子河引竹書紀年云：『晉烈公十一年，田悼子卒。田布殺其大夫公孫孫，公孫會以廩丘叛於趙。田布圍廩丘，翟角、趙孔屑、韓師救廩丘。及田布戰於龍澤，田布敗逋。』史記田敬仲完世家索隱引竹書紀年云：『（齊）宣公五十一年公孫會以廩丘叛於趙。十二月宣公薨，於周爲明年正月。』（索隱乃隱括紀年語）史記也記載此事。齊太公世家：『齊宣公五十一年卒，子康公立，田會反廩丘。』田敬仲完世家：『宣公五十年卒，田會自廩丘叛。』田會當就是公孫會。若依史記，公孫會乃是田氏之族，如公孫會是田氏之族，則他以廩丘降趙，是田氏內部發生衝突。在當時的情况下，似難以理解。而且在這時候，田氏恐還不能以公孫爲氏。『田會』之『田』字當是後世誤傳的。公孫會當是與公孫孫同族，都是姜齊的宗室。據此，在晉烈公十一年（周威烈王二十一年，公元前四零五年）也就是周王命晉韓景子、趙烈子及魏伐齊的前一年，齊田悼子死了，田布殺齊大夫公孫孫。田布爲什麼要殺公孫孫呢？其原因和具體情况沒有記載，不得而知。但我們可以推想，這必是由於政權的争奪。這時候田悼子死了，其子和繼立。這或者公孫孫想乘這個機會奪回田氏手中的權力，田和因之殺公孫孫；或者田和要更進一步篡奪政權，排斥姜齊宗室和執政大夫，因而殺公孫孫。按戰國策魏策云：『昔曹恃齊而輕晉，齊伐釐莒而晉人亡曹。繒恃齊以悍越，齊和子亂而越人亡繒』，戰國時人稱此事爲『和子亂』，看來這乃是田和爲要奪取政權而殺公孫孫。從以後事態發展看，也可以推知這是田和發動的一次政變。公孫孫被殺之後，他的同族公孫會便以廩丘降趙。這一年，齊宣公也死了。齊宣公之死，據史記是在公孫會降趙之前，據竹書紀年是在公孫會降趙之後。不論怎樣，他是在齊國政權争奪激烈的時刻死去的。他是否爲田和所弒殺或逼死，史無明文。從當時鬥争激烈的情况看，他爲田和所弒殺逼死，是很可能的。齊宣公死後，田和立齊康公。從此齊政權便全落入田和之手。齊康公只是個傀儡了。周威烈王所以要命晉韓景子、趙烈子及魏伐齊，疑原因即在於此。此時，周雖已衰弱無力，但名義上還是天下之王。他對於田和這種篡奪行爲還是不允許的。因此他命晉韓趙魏伐齊。

周威烈王二十三年（公元前四零三年），也即是這次戰爭的次年，韓、趙、魏都列爲諸侯。周威烈王何以命韓、趙、魏爲諸侯呢？這也史無明文，不能確知。從前後的事實看，似與此有關，即他們奉周威烈王之命伐齊有功，所以命他們爲諸侯。

一九六八年四月十八日草

一九六八年十二月三十日抄

永盂考釋

隹十又二年初吉丁卯，益公內，即命于天子。公廼出氒命，錫畀師永氒田𣶃（陰）易（陽）洛彊眔師俗父田。氒眔公出氒命，井白（伯）、焚白（伯）、尹氏、師俗父、遣中（仲）。公廼命酉𤔲徒㐭父周人𤔲工居、致史、師氏、邑人奎父、畢人師同付永氒田。氒率舊氒彊宋句。永拜䭫首，對揚天子休命。永用作朕文考乙父隮盂。永其萬年孫孫子子永其率寶用。

此器一九六九年出土於陝西藍田縣，郭沫若、唐蘭、陳邦懷諸先生都有考釋。對於此器的年代和銘辭作了很好的考證和解釋。但有的地方意見似還沒有統一，有的字義和語意還不够確切和清楚。我想補充一下。

『錫畀師永氒田』。『畀』陳邦懷先生釋『矢』，『畀師』連讀，謂是矢師之官。并引班毁『否畀征陟』爲證，謂此處『畀』也讀爲『矢』。班毁『否畀征陟』應怎樣解釋，離題太遠，我們這裏不說了。『矢師之官』不見於經傳，也不見於金文，說古有此官是没有根據的。既然没有證據，就不能說古有此官。我們認爲仍以『錫畀』連讀爲是。『畀』應如字讀，義爲予。按中甗：『今兄（貺）畀女裛土』。爾雅釋詁云：『貺，賜也。』『錫畀』語例和語意和『貺畀』一樣。

『眔師俗父田』，『氒眔公出氒命』。兩個『眔』字郭沫若先生和唐蘭先生都釋『臮』也就是『暨』。唐蘭先生云：『說文：臮衆與詞也。虞書「臮咎繇」。今尚書作：「暨皋陶」』。臮有與或及的意思。這個字釋『臮』是可以的。但我覺得還是逕釋『眔』爲是。因爲字形很清楚是『眔』字。

這個字我以爲就是奴隸的『隸』字的初字。這個字我們把它認識清楚，我覺得很有用處。這裏我略爲說一說。

說文云：『眔，目相及也。』又云：『眔，及也。』『目相及』不可通。『眔』義實爲及。從卜辭和金文我們都可以看到『眔』義爲及。許慎知道『眔』義爲及，但他爲要解釋『眔』字从目，所以訓『眔』爲『目相及』，和『逮』相同。說文云：『遝，迨也。』又云：『逮，唐逮，及也。』廣韵云：『迨、遝，行相及也。』可知『遝』『逮』義也都爲及，和『眔』『隶』相同。中庸『所以逮賤』，釋文『逮』作『遝』。二字通用。『眔』『隶』『遝』『逮』音義皆同，我們以爲乃是一字的演變。『隶』就是『眔』字。奴隸之『隶』後世都作『隶』。疑『眔』也就是『隸』字的初文。此字是由『眔』演變爲『隶』，由『隶』又演變爲『隸』。説文云：『隸，附著也，从隶柰聲。』『隸』本作『隶』，後世加『柰』以表聲。『隸』義爲附著，疑由奴隸屬於奴隸主而引申的。『隶』甲文作『𥃲』蓋是象奴隸痛苦流涙之形。

在卜辭里，我們也可以看出『眔』義當爲奴隸。

『（缺）乎眔（缺）。』（前七、二〇、三）

『壬子卜，𢀛貞，叀戊乎眔』。（甲二五五八）

『三族令眔』。（後下二六、一六）（寧滬一，五〇六）

『呼眔』『令眔』，『眔』必是人。訓及不可通。這裏『眔』義必爲奴隸。『呼眔』即呼召奴隸，『令眔』即命令奴隸。

『癸丑卜，貞，令見取啓眔十人于𧊒』。（大龜四版）

『乙卯卜，甾貞，永克取啓眔十人于𧊒』。（同上）

『眔十人』，更足證『眔』必是人。這又可見『眔』當是奴隸。

『（缺）五牢，卯眔』。（寧滬一，二六一）

卜辭每云『卯牛』『卯羊』，意爲殺牛、殺羊，以牛羊爲犧牲。此云『卯眔』，和『卯牛』『卯羊』語例一樣。這也可以推知『眔』當爲奴隸。這是把奴隸和牛羊一樣用作犧牲。

『丁卯卜，貞，叀用罘』。（續六、七、三）（佚八九三）

這也是用奴隸爲犧牲。

甲骨文又有『⿱宀罘』字。卜辭云：『貞，戊（缺）其⿱宀罘羌〇〇』。（京津三四三零）

『⿱宀罘』字的作法和『牢』『宰』『寓』構意完全相同。這必是將奴隸當牛、羊、馬一樣的看待。『其罘羌』，這必是以羌人爲奴隸而用作犧牲，把奴隸當牛馬一樣屠殺，奴隸主對奴隸的壓迫殘酷到如何程度，奴隸痛苦到如何程度，可以想見。

『貞，冓罘逃，允隻』。（乙綴二二四）

這當是奴隸反抗，逃亡而被捕獲。

殷代已是奴隸社會，在甲骨文裏就該有奴隸字。過去，我們對『罘』這個字没有注意，對待殷代的奴隸制往往只用『羌』『𠬝』『執』等字來解釋。這都是間接的，不免有些隔靴搔癢之感。『罘』這個字，可以比較直接地説明殷代奴隸制的情況了。

在卜辭和銅器銘辭裏，『罘』字多用作連接詞。『罘』字用作連接詞，我們認爲只能訓及，不能訓與。説文『罘』和『隶』都訓及，不訓與。在兩個名詞之間用『罘』爲連接，義和『與』略同。但在别的地方『罘』只有『及』義而無『與』義。如：

臣辰盉『王令士上罘史⿰寅殳于成周，⿱⿰丰丰凵百生豚，罘商卣、鬯、貝』。

小臣謎毁『白懋父承王令易𠂤，逹征自五齵貝，小臣謎蔑曆，罘易貝』。

『眔商卣匋貝』『眔易貝』，『眔』顯然不能訓與。此處『眔』義實和『介之推不言禄，禄亦弗及』之『及』字一樣。『眔商卣匋貝』是説王令士上及史寅殷於成周，賜百姓豚，也賞及臣辰以卣匋貝。『眔易貝』是説白懋父承王命賜從征的軍隊貝，也賜及小臣謎貝。

友毀『友對揚王休，用作氒文考隮毀。友眔氒子子孫孫永寶』。

鄭𦎫叔盨『鄭𦎫叔作旅盨，及子子孫孫永寶用』。

肄毀『肄對揚王休，用自作寶器，萬年以氒孫孫子子寶用』。

這裏，『眔』『及』『以』三字用法相同。『眔』義也爲及。『友眔氒子子孫孫永寶』是説友及於子孫永遠寶用。『以』字義也爲及。國語周語：『在湯誓曰：余一人有罪，無以萬夫』。『無以萬夫』即無及於萬夫。在卜辭和銅器銘辭裏，『以』字也多作爲連接詞用，義也都爲及。現在我們仍以『以及』作連接詞用，原因即在於此。

『眔』字學者釋『臮』，也是正確的。『臮』疑是『眔』字的譌變。『眔』字有作『眔』者。疑『臮』乃『眔』字之譌。

『氒眔』二字，郭沫若先生屬上讀，唐蘭先生和陳邦懷先生屬下讀。這兩字是有點彆扭。屬上讀，下面一句話不甚好講；屬下讀，後世又很少見到這樣的語例。按衛鼎：『衛肇作氒文考已中寶𪔂鼎，用𠦪壽〇〇福，乃〇鄉王出入事。氒眔多〇倗友。子孫永寶』。（三代吉金文存卷第十五頁）『氒眔』二字用法與此相同。看來還是以屬下讀爲是。古代是有這樣的用法的。『氒眔公出氒命，井伯、榮伯、尹氏、師俗父、遣仲』，陳邦懷先生謂『這是説益公出王命時，井伯等五人都聽王命』。這似不正確。這當以唐蘭先生的解釋爲是。這是説和益公一起出王命者是井伯、榮伯、尹氏、師俗父、遣仲等五人。

『尹氏』唐蘭先生謂是人名，并謂其人爲『作册』之官，所以又名『作册尹』。這恐是不正確的。『尹氏』實是官名而不是人名。『尹氏』除了見於唐先生所舉的敔毁以外，又見于頌鼎、㽙壺、克鼎、克盨、師嫠毁。克鼎云：『克曰：穆穆朕文祖師華父沖讓氒心，宔靜於猷，盄哲氒德，肄克龏保氒辟龏王。』克的祖父師華父事龏王，克必不是龏王時的人。郭沫若先生定克鼎爲厲王時器。詩節南山：『尹氏大師，維周之氏。』僖公二十八年左傳：『王命尹氏及王子虎、内史叔興父策命晉侯爲侯伯』。如『尹氏』是人名，恐不能從共王時活到春秋時代。謂『尹氏』爲作册尹始於王國維。王氏云：『此官（按指内史）周初謂之作册，其長謂之尹氏』。（釋史　觀堂集林卷六）王氏以尹氏爲官名，唐蘭先生改而爲人名。『尹氏』和『作册尹』既是官名而不是人名，便不能用以爲推定年代的聯係人物。

『氒率舊氒彊宋句。』唐蘭先生讀『厥率舊，厥彊宋句』。謂『舊是人名，率同達。説文：達，先道也。分田的事，率領者是舊，定彊界的是宋句』。陳邦懷先生説『這是説率舊定錫田的彊界』。這兩種解釋恐都與這句話的原意不合。唐先生的解釋在文理上難講得過去。上文説命奠司徒函父等付永田，如『舊』是率領者，在行文上應當説命舊率奠司徒函父等付永氒田，文意才通順。而且以『彊』字爲定疆界的人，也從不見『彊』字有這樣的用法。陳先生的解釋，意思不明白，『宋句』二字也没有解釋。『率舊』和『率由舊章』的『率』『舊』意思一樣，是正確的。這句話是説，賜給永的田，其疆界仍舊按原來的疆界，這個疆界就是宋句。

『厥衆公出厥命』，『厥率舊厥疆宋句』。陳邦懷先生説：『這兩句都用「厥」字爲領格。……這是此銘語句的特點……』。這恐也是誤解。陳先生所説的『領格』，似指語法上的主語（或主格）。按這兩個『厥』字在這裏實不是主語。這乃語助詞，其義爲其。『厥』字這種用法在經傳和銅器銘辭里是習見的，并没有什麽特别之處。

『永其率寶用』，這個『永』字陳邦懷先生也以爲是『領格』，也就是永的名字。這也是誤解。如這個『永』字是人名，則上文『永其萬年孫孫子子』這句話便没有謂語，語法上不可通。這個『永』字義實即爲永遠。這句話應連上讀。『永其萬年孫孫子子永其寶用』是銅器銘辭習用的話。

𩰫攸比鼎考釋

隹卅又二年初吉壬辰，王才周康宮，徲大室。𩰫比㠯攸衛牧告于王曰：女孚我田，牧弗能許𩰫比。王令省史南即虢旅。旅廼吏（使）攸衛牧誓曰：我弗具付𩰫比其祖射分田邑，則殊。攸衛牧則誓。比作朕皇祖丁公、皇考叀公隮鼎。鬲攸比其萬年子子孫孫永寶用。

「比」或釋「从」。審視字形，還是以釋「比」爲當。

「徲大室」，「徲」吴闓生、楊樹達都釋「辟」。楊樹達謂「周康宫徲大室」是周康宫旁之大室。唐蘭和柯昌濟都謂「徲」「夷」二字古通。「徲大室」即是「夷大室」，即周夷王之大室。這兩種説法都難信。「徲」不是「辟」字。「屖」字甲骨文和金文都作「[glyph]」，「辟」字金文作「[glyph]」，二者字形不同，釋「徲」爲「辟」，是未加審辨。而且以「徲大室」爲康宫旁之大室，理也不當。既是大室，必定是康宫的正室，既是正室，決不會在康宫之旁。以「徲」爲「夷」，「徲大室」是夷王宫大室，也不免牽强。如「徲大室」是夷王宫大室，何以又在康宫呢？這樣解釋，在行文修辭上也不妥當。在夷王宫大室，則説「在夷宫大室」，便非常明白，何以説在康宫夷大室呢？這都難説得通。我以爲「徲」在此不能釋爲「夷」，「徲大室」不是夷王之大室。從文句上看，這句話與望鼎「王在周康宫新宫，旦，王各大室」，楊簋「王在周康宫，旦，各大室」，休盤「王在周康宫，王各大室」，詞例相同。「徲」應是個動詞，用法與「各」一樣，義也必相近。我以爲「徲」即説文之「屖」字。説文云：「屖，屖遟也。」「屖遟」就是「棲遟」，意爲止息。「徲大室」是謂止息於大室，意和「各大室」一樣。

「鬲比㠯攸衛牧告于王曰：女孚我田，牧弗能許鬲比。」「女」下一字不清晰，或釋「覓」，或釋「孚」，意爲取。釋「覓」顯不可通，釋「孚」也有些牽强，這個字不能確認，從辭意看，其義必爲侵占。這句話蓋是説，𤔲比向王控告攸衛牧，説攸衛牧侵占了他的田，不還給他。

「王令省史南即虢旅」。柯昌濟云：「省史疑謂相察其事之史官，南名，如市㠯、大理之類。」

楊樹達釋「省」爲「眚」，罪也，「眚史」是「史司罪過之事」。「省史」這個官名古書不見，上引二説皆難信。于省吾讀：「王命省，史南即虢旅。」「省，視察也」。這樣句讀和解釋似較通順些。這是説𤔲比向王控告攸衛牧侵占他的田地，王命去視察。史南就虢叔旅，要虢叔旅處理他們的争訟。

「旅廼吏（使）攸衛牧誓曰：我弗具付𤔲比其且（祖）射分田邑，則殺」。「且射」，郭沫若和楊樹達都釋「租謝」。郭沫若未作解釋，楊樹達釋云：「且當讀爲租，説文七篇上禾部云：「租，田賦也，从禾且聲」。射當讀爲謝，謂錢財也。蓋謝本酬謝之義，漢書陳湯傳曰：「弘農太守張匡坐臧百萬以上，狡猾不道，有詔即訊。恐下獄，使人報湯，湯爲訟罪，得踰冬月，許謝錢二百萬」，謂許酬謝以錢二百萬也。以財爲謝，因即稱財爲謝。……蓋稱財爲謝，猶今人言報酬。」謝人以錢財，「謝」字如何能引申爲錢財呢？這顯是曲解。釋「且」爲「租」也是錯誤的。我以爲「射」蓋是「澤」之假借字。詩清廟：「不顯不承，無射於人斯。」釋文云：「射音亦，厭也。」詩泮水：「戎車孔博，徒御無斁。」釋文作「繹」，云：「本又作射、作斁、作懌，皆音亦，厭也。」詩雲漢「耗斁下土」，春秋繁露郊祀篇作「耗射下土」。「射」與「斁」「繹」

『懌』音義相同，通用。史記太史公自叙：『昌生無澤。』索隱云：『漢書作毋擇，并音亦。』按今漢書作『毋懌』，是『澤』也音亦，與『斁』『懌』相同，通用。據此，『射』『斁』『澤』義同，通用。説文云：『斁，解也。』『斁』顯即是『釋』。詩載芟『其耕澤澤』，正義引爾雅釋訓云『釋釋，耕也』，并引舍人云『釋釋猶藿藿，解散之意』。又夏小正云『農及雪澤』，考工記『水有時以凝，有時以澤』，『澤』義都爲解，與『斁』相同。『澤』與『斁』通用，『射』也與『斁』通用，則『射』與『澤』也可以通用。昭公八年穀梁傳『以習射於射宫』，范甯云『射宫，澤宫』，這更明顯，『射』與『澤』通用了。『射』在此義蓋爲恩澤，『祖射』即祖先之遺澤。『祖射分田邑』，是説祖先的恩澤遺下來的所分得的田邑。『則』下一字不能確認。吴闓生、楊樹達都釋『殊』，從辭義講可通。這句話是説，虢旅要攸衛牧這樣發誓：我若不將⿰鬲寸比祖先傳下的田邑給他，就受誅罰。『攸衛牧則誓』，是説攸衛牧依照虢旅所説的發誓。

『⿰鬲寸攸比其萬年』，前面稱⿰鬲寸比，此稱⿰鬲寸攸比，楊樹達謂：『以从（比）兼有攸地，故得兼氏攸』。甚是。

這篇銘辭由於其中有的字没有得到正確的解釋，一直没有釋通。我這樣解釋，雖然還有個別字不能確認，但全辭可通讀無礙，辭義明白暢通。這篇銘辭是記載⿰鬲寸比祖傳的田邑爲攸衛牧所侵占，⿰鬲寸比向王控告，王命虢旅處理，虢旅要攸衛牧發誓，把所侵占的土地還給⿰鬲寸比。⿰鬲寸比作此器以記其事。

這篇銘辭很值得注意。從這篇銘辭所記的情況，我們可以看到幾點：一、西周時土地已經可以傳給子孫；二、祖遺的土地子孫可以分有；三、有侵占他人土地的現象；四、有因土地爭執而涉訟的事。這種現象反映了什麼呢？在土地由農村公社分配或土地國有的情況下，是不會有這種現象的，這只有土地已經私有的情況下才可能産生這種現象。鬲比能向王控告攸衛牧，他顯然也是貴族。他家祖先的土地可能是由賞賜而獲得的。他家的土地可以傳之子孫，由子孫分有，則這些土地必已成爲他家的私産。

一九六八年二月二十日草於合肥師院
一九八四年一月二十五日修改於蕪湖赭山

多友鼎考釋

隹十月，用嚴夋（狁）放𢍰廣伐京𠂤（師），告追于王。命武公遣乃元士，羞追于京𠂤。
武公命多友率公車羞追于京𠂤。癸未，戎伐筍，衣孚。多友西追。甲申之晨，搏于邾，
多友右（有）折首執訊。凡以公車折首二百又〇又五人，執訊廿又二人，孚戎車百乘
一十又七乘，衣復筍俘，或搏于龔，折首卅又六人，執訊二人，孚車十乘。從至追搏于
世。多友或右（有）折首執訊。乃轙追，至于楊冢，公車折首百又十又五人，執訊三

人。唯孚車，不克㠯，衣焚。唯馬毆盡，復奪京𠂤之孚。多友廼獻、戜（馘）、訊于公。武公廼獻于王。王廼曰武公曰，女既静京𠂤，贅女，易女土田。丁酉，武公在獻宮，廼命向父侶（召）多友，乃徙于獻宮。公親曰多父曰：余肇使女，休不𠯌有戍（成）事，多禽，女静京𠂤。易女圭瓚（瓛）一，湯鐘一肆，鐈鋚百匀（鈞）。多友敢對揚公休，用乍障毀，用倗用晉，其子子孫孫永寶用。

此器一九八零年出土於陝西長安斗門村附近。銘辭連子孫兩個重文，共計有二百七十八個字。這是至今所見到的記述周與玁狁作戰最長的銅器銘辭。它比較詳細地記載了一次玁狁入侵和多友與玁狁戰鬥的情況，這給對玁狁與周關係的研究又增添了一個有價值的史料。

此器已有人考釋，并指出其時代及意義。這裏，我也説一點自己的看法。

『玁狁放興』，『放興』或釋『牧興』（田醒農、雒忠如：多友鼎的發現及其銘文試釋　人文雜志一九八一年第四期，下引均見此文），或釋『方興』，即尚書微子『小民方興』之方興（李學勤：論多友鼎的時代及其意義　人文雜志一九八一年第六期，下引均見此文）或釋『敄興』，是玁狁的一支（劉雨：多友鼎銘的時代與地名考訂　考古一九八三年第二期，下引均見此文）。

『放』字釋『牧』，或『方』或『敄』，都難必。

『寅伐』，不嬰簋作『廣伐』。『寅』即是『廣』字，从『宀』和从『广』，意思是一樣的。王國維謂『廣伐』『廣亦伐也』（雙劍誃吉金文選引）。郭沫若謂：『廣伐猶搏伐。』（兩周金文辭大系）這都沒有說明『廣』訓伐，訓搏的根據，只是望文爲義。按『廣』有大義。如詩六月『四牡修廣』、詩雝『於薦廣牡』，傳都云『廣，大也』。又國語周語：『匱而不恤，憂必及之。若是則必廣其身。』韋昭云：『廣，大也，務自大，不顧其上也。』『寅伐京𠂤』，是說大伐京𠂤。不𡢁簋『廣伐西俞』，也是大伐西俞。

『衣孚』，『衣』字一說假爲已（田醒農、雒忠如），一說此與下文『衣匌笱人孚』，『衣焚』諸『衣』字都應讀『緊』或『伊』，用法與『惟』相同，都是語助詞（李學勤）。一說即『殷』字，義爲大，『衣孚』即大加擄掠（劉雨）。這都不正確。『衣』字本義爲圍獵，像張網圍捕禽獸之意（拙著釋衣 安徽師大學報一九七八年第四期）。在這裏義也當爲圍捕。『衣孚』是說圍捉俘虜。『戎伐笱，衣孚』，是說戎攻笱，圍捕笱人。『衣匌笱孚』，是說包圍戎人，奪回它在笱所俘虜的人。

『從至追搏于世』。李學勤謂『從至』是指所俘玁狁之車隨多友之軍而歸，同下文在世、楊冢二地作戰的情形有別。劉雨謂是『指多友部隊跟踪追擊玁狁而至』。劉說比較正確。按『從』即『蹤』『䡩』之初字，『踪』之本字。說文云：『䡩，車迹也，从車從聲』。段玉裁云：『䡩，古字只作從……俗變爲蹤，再變爲踪。』『從』義即爲跟踪。如定公五年左傳：『吴楚戰於柏舉，楚師大敗，吴從楚師，及清發，……楚人爲食，吴人及之，奔食而從之，敗諸雍澨。』『從』義顯爲跟踪。漢書淮南王傳：『王使人上書告相，事下廷尉，從迹連王。』漢書張湯傳：『上聞變事從迹安起』。史記并作蹤。這句話意思當是説跟踪追至世，與玁狁搏斗。

『乃⿰車戜（⿰車戜）追至于楊冢』。『⿰車戜』李學勤以爲是『軼』字，謂由『戜』衍生的字多可讀爲『軼』。左傳隱公元年注：『軼，突也。』此句意謂多友追戰玁狁於世地，又有所斬獲，繼而突擊追殺，直到楊冢。『⿰車戜』釋『軼』是對的。詩柏舟：『日居月諸，胡迭而微』，釋文云：『迭，韓詩作戜』。詩巧言『秩秩大猷』，説文引作『臷臷大猷』。『臷』『戜』顯與『戜』爲一字。這蓋是以『戜』爲聲者後改爲『失』爲聲。『軼』當是『⿰車戜』之省變。但這個字在此解爲『突擊追殺』，則未得其實。隱公九年左傳：『彼徒我車，懼其侵軼也』。杜預注云：『軼，突也。』此處『突』義是否爲突擊難確定。洪亮吉春秋左傳詁解此字引淮南子高誘注『自後過前曰軼』，就不從杜説。説文云：『軼，車相出也。』張平子西京賦『軼雲雨於太半』，薛綜注引三蒼云：『軼，從後出前也。』這是從後追上超越前車之意。『軼』或又訓『過』，廣雅釋詁：『軼，過也。』這也是超過之意。『乃⿰車戜追，至于楊冢』，意思當是説追至楊冢，超越玁狁。

我以爲這也是『⿺走戴』字。『⿺走戴』爲『⿰車戜』的省變。説文云：『⿺走戴，走也，从走戴聲。讀若詩威儀秩秩。』『⿺走戴』義爲走。説文：『走，趨也。从夭止，夭者，屈也。』釋名云：『徐行曰步，疾行曰趨，疾趨曰走。』曲禮鄭玄注云：『行而張之曰趨。』『走』義當爲急行。按甲骨文『走』字作『』。『』正像人擺臂張腿奔走之形。『走』的本義確必爲疾趨，⿺走戴義也爲疾趨。『乃⿺走戴追，至于楊冢』是説疾追玁狁至於楊冢。這比釋『⿰車戜』爲『軼』，義爲突或超軼都更文從字順。

『唯孚車，不克𠂤，衣焚，唯馬敺盡』。李學勤以『不克𠂤』斷讀，甚是。但他說『以』意思近於『來』，恐不正確。『以』義應爲用。說文云：『以，用也。』成公八年左傳：『霸主將德是以。』杜預云：『以，用也。』這是說在楊冢追及玁狁，又斬首一百十五人，執訊三人，只是俘得玁狁的車不能用，所以將它焚毀，只用馬把傷者敺回。

『余肇使汝，休不⿰口逆有戍（成）事，多禽，汝靜京𠂤』。『⿰口逆』劉雨釋『⿰口屰』，假順逆之『⿰口逆』，可從。『不⿰口逆』意當謂沒有阻擋，即順利。『休不⿰口逆有成事』，語例與史頌簋『休有成事』相同，只中間加『不⿰口逆』二字而已。成事是成功的意思。國語吴語：『余沿江泝淮，闕溝深水，出於商魯之間，以徹於兄弟之國。夫差克有成事，敢使苟告於下執事。』韋昭曰：『成事，成功也。』這句話是武公對多友說，我命你擊玁狁，你很好，順利地完成其事，擒獲很多，平定了京師。

此器的時代，有兩種意見：一謂周厲王時器，一謂是周宣王時器。前說是根據銘辭中的人物和鼎的花紋而說的。此銘中主要人物有武公。武公亦見於敔毀　禹鼎和柳鼎。這些器學者多認爲是厲王時器。所以此器也必是周厲王時器（李學勤）。後說是以此辭與詩　六月相較，以爲此銘所記與六月所詠即係一事。六月是周宣王時詩，此器也應是周宣王時器（劉雨）。

考證此器的時代，最好是從銘辭所記載的事實的本身考察。這篇銘辭是記載玁狁入侵，攻陷京師。周王命武公派兵攻京師。武公命多友擊玁狁。多友擊退玁狁，奪回俘虜，『靜京𠂤』。『靜京𠂤』顯然收復了京師。從歷史記載看，這樣一次戰争是發生在周代哪個王在位的時代呢？

這裏最關緊要的是『京𠂤』。『京𠂤』是什麽地方，這有三種意見：一謂即晉姜鼎之『京𠂤』，即晉都（見田文）。一謂是詩公劉之『京師』，不是一地之名，而是地區之名，在今陝西彬縣東北（李學勤）。一謂即周京城之鎬京（劉雨）。我們認爲『京𠂤』確應就是克鐘的『京𠂤』，即鎬京。第一説顯然不正確，第二説不免牽强。

『京𠂤』是鎬京，這就産生了一個問題：在周代的歷史上，鎬京何時曾爲玁狁所攻陷？不論厲王或宣王時，均無此事。只有幽王和平王時才有這樣的事。但犬戎攻周，殺周幽王，鎬京失守，當時并未收復，與銘辭所述也不合，這也必不是幽王時事。我以爲這乃是周平王時事。玁狁就是犬戎。從銘辭所述的情况看，這也不是周平王東遷之初的事，我疑這乃更後些時候的器。

這裏須先要略説一下周室東遷及以後的歷史。周平王東遷後五十一年的歷史，没有明確的記載，這裏我們只能作一點推測。昭公二十六年左傳：『至於幽王，天不弔周，王昏不若，用愆厥位。攜王奸命，諸侯替之，而建王嗣，用遷郟鄏。則是兄弟之能用力於王室也。』正義引竹書紀年云：『平王奔西申，而立伯盤爲太子，與幽王俱死於戲。先是，申侯、魯侯、許文公立平王於申。以本太子，故稱天王。幽王既死，而虢公翰又立王子余臣於攜，周二王并立。二十一年，攜王爲晉文侯所殺，以本非適，故稱攜王』。

周幽王死後，周實分裂了。虢公翰立王子余臣，憑藉什麽力量呢？這應就是犬戎，犬戎原是與申侯聯合擁立平王，攻幽王的，何以又攻平王，逼其東遷呢？這就因爲它扶植余臣爲王，故轉攻平王。

據竹書紀年，周二王并立，直到平王二十一年（公元前七五〇年）王子余臣爲晉文侯所殺才結束。不難推想，此時周一定擊敗了犬戎，收復了鎬京。周室東遷後，關中之地舊時説詩者鄭玄、孔穎達都謂爲秦襄公所佔有（詩鄭箋及正義）。近時研究秦史者對此似未作深考。我們從記載看，在周平王二十一年之前，應有王子余臣，也即是爲犬戎所佔。平王二十一年以後，曾爲周收復。除據上舉左傳和竹書紀年推見外，還有幾條證據。

詩王風黍離序云：『黍離閔宗周也。周大夫行役至於宗周，故過宗廟、宫室盡爲禾黍，閔周室之顛覆，彷徨不忍去而作是詩也。』平王時，周大夫行役至於宗周，宗周顯爲周所有。

詩小雅六月舊以爲是周宣王時詩。此詩實是周平王時詩（參看呂思勉中國民族史）。六月云：『玁狁匪茹，整居焦穫，侵鎬及方，至於涇陽。』按史記匈奴列傳云：『申侯怒而與犬戎共攻殺周幽王於驪山之下，遂居周之焦穫而居涇渭之間，侵暴中國。』史記顯是根據六月爲説的。是司馬遷以六月爲平王時詩。六月是詠吉甫伐玁狁的，吉甫又見於崧高，崧高是吉甫作的。我以爲崧高也是周平王時詩。崧高是詠申侯遷謝的。申侯實不如舊時説詩者所説是周宣王之舅，而是平王之舅。申原在西方，因爲犬戎所敗，乃遷之於謝。我曾作周室東遷考討論過這個問題，這裏不多贅言了。吉甫是周平王時人，六月自更是平王時詩了。六月云：『來歸自鎬』。鎬，鄭玄説是北方地名。按關中地方，除鎬京以外，不見有其他地方名鎬者，從詩意來看，鎬也是個重要的地方。我們以爲這非鎬京莫屬。吉甫征玁狁到達鎬京，鎬京顯爲周收復。

史記秦本紀：秦文公『十六年，文公以兵伐戎，戎敗走。於是文公遂收周餘民有之，地至岐，岐以東獻之周』。秦文公十六年即周平王二十一年，正是晉文侯殺攜王之年，這次戰爭顯係周秦東西夾擊犬戎。周平王東遷時，秦『襄公以兵送周平王，平王封襄公爲諸侯，賜之岐以西之地。曰：戎無道，侵奪我岐豐之地，秦能攻逐戎，即有其地，與誓』。秦文公把岐以東獻之周，當即是踐秦襄公與周平王的誓約。『岐以東獻之周』，鎬京必爲周所復有。還有，秦自文公十六年（公元前七五〇年）以後到秦憲公二年（公元前七一四年）秦伐蕩社，其間三十五年秦未東向擴張。秦爲什麼這樣長久不向東發展呢？這也就因爲岐以東是屬周的。周失關中之地實在平王之末。

周平王二十一年以後鎬京爲周所收復。則這篇銘辭所記述的情況便可以了解。周平王二十一年，晉文侯雖擊敗了犬戎，殺了攜王，但犬戎只『敗走』，并未消滅。在這以後，并非戰爭便終止了，而是仍有戰爭。六月：『侵鎬及方』，可見犬戎仍時來進犯鎬京。此器銘辭所述就是在這種形勢之下的戰爭。銘辭述這次戰爭的情況，首先是玁狁攻陷京𠂤，進而攻筍。武公命多友擊京𠂤，『多友西追』，多友進軍是由東向西。第一役戰於邾，第二役戰於龔，第三役戰於世，第四役戰於楊冢，奪回京師之孚，收復了京𠂤。這也顯然是周東遷以後的形勢。如以此器是周厲王或宣王時器，『京𠂤』是豳，在今陝西彬縣東北，多友進軍，不論從周或鎬京出發，似不能説是由東向西吧！這次戰争，十月癸未日玁狁攻筍，次日甲申多友開始與玁狁戰於邾。丁酉日武公召見多友於獻宫，賞賜他『静京𠂤』之功。自甲申至丁酉爲時不過十五日。時間很短，其中作戰的時間更短，估計最多不得超過十日。作戰的地區範圍不大。如『京𠂤』是豳，龔在甘肅涇川，世及楊冢更在龔之西，則路途很遠，行軍作戰，恐非數日之内所能往還。這次戰争應只在鎬京附近不遠的地方進行的，所以很快就擊退了玁狁，收復了鎬京，結束了戰争。

一九八三年七月八日草於蕪湖赭山

秦公𣪘考釋

秦公曰：不顯皇且受天命，鼏宅禹責，十又二公，才帝之坏。嚴龏夤天命，保業氒秦，虩事蠻夏。余雖小子，穆穆帥秉明德，刺刺趄趄，邁民是敕。咸畜胤士，𥁕𥁕文武，鋘（鎮）静不廷，虔敬朕祀。乍𠱾宗彝，㠯卲皇且，婺嚴遬各。㠯受屯魯多釐，釁壽無疆，畯疐才天，高弘又慶，竈囿四方。宜。

『鼏』，郭沫若云：『鼏與謐通，静也。』楊樹達謂此字釋鼏，文義不可通，謂是从一从鼎，『當假爲迥』。説文云：『迥，遠也。』按郭楊二氏之説都非是。這是『鼏』字，必無問題。廣雅釋詁云：『鼏，闇也。』王念孫云：『闇通作奄』。（廣雅疏證）『鼏宅禹責』即爲『奄宅禹責』。『責』，楊樹達謂『當讀爲迹』。按『責』即是『蹟』字，和『迹』即是一字。説文云：『迹，步處也，从辵亦聲。蹟或从足責。速，籀文迹从朿。』或又作『績』。詩文王有聲『豐水東注，維禹之績。』詩玄鳥：『天命多辟，設都於禹之績。』此字最初蓋假借『責』字，或用形聲字之速。由『責』演變爲『蹟』和『績』。『迹』則爲後起字。『迹』或又作『跡』。

『⿱⿰業業女』楊樹達釋『業』，『業』與『辥』聲音相同。『保業』即詩書之『保乂』『保艾』及彝器銘辭之『保辥』。爾雅釋詁云：『艾，相也。』『保業厥秦』，即『保相厥秦』。此字是『業』字是正確的，但謂『業』讀爲『艾』『辥』，義爲相則難信。訓『業』爲相，在這裏文義難通。這是秦公稱述其先公之辭。秦之先公是秦之統治者，怎麼能説是相秦呢？按昭公元年左傳『昔金天氏有裔子曰昧，爲元冥師，生允格臺駘，臺駘能業其官。』『業』字的用法與此相同，服虔云：『修昧之職。』（史記鄭世家集解引）『業』當有繼續之義。我以爲『業』即是『剿』。方言云：『剿，績也。』廣雅釋詁云：『剿，續也。』『保⿱⿰業業女厥秦』蓋是説能保有和繼承秦國。

『嚴䚯夤天命』與尚書康誥『嚴恭寅畏天命自度』意相同。

『余雖小子。』『雖』讀爲『惟』。這和尚書康誥『已，汝惟小子』，洛誥『已，汝惟冲子惟終』語例一樣。『隹』『惟』『維』『雖』都是一字之變。

『寵囿四方』。郭沫若謂讀爲『造佑四方』。容庚謂讀爲『奄有四方』，楊樹達謂『寵囿』即詩商頌玄鳥「肇域彼四方」之「肇域」。按郭楊二氏之説都正確。可惜他們都只是與詩書相比附，没有從文字上説明其源委。

「」容庚金文編釋「竈」。從字形看，這必是「竈」字。也就是「鼂」字和「鼀」字。説文云：「鼂，匽鼂也，讀若朝。楊雄説匽鼂蟲名，杜林以爲朝旦，非是。」此字从「黽」是個象形字，象蟲的形狀，楊雄説是蟲名，可信。其作爲朝旦字，乃是假借。但這是什麼蟲，很難看出。説文有「蝘」字，云：「蝘，在壁曰蝘蜓，在草曰蜥蜴。」説文又云：「易，蜥易，蝘蜓，守宫也。」「匽鼂」疑就是蝘蜓和蜥蜴。殆即象蜥蜴的形狀。可惜説文「易」字的篆文看不出象蜥蜴的形狀。「竈」字从宀，或从穴，可以推見，這種蟲當與房屋有關，這和「在壁曰蝘蜓」相合。這也可以推見鼂是蜥蜴。這個字的本義蓋就是蝘蜓或蜥蜴。「竈」與「造」「肇」義相同。釋名云：「竈，造也。」廣雅釋言云：「竈，造也。」周禮大祝「一曰造」。鄭注云：「故書造作竈」。字或又作「鼀」。方言云：「鼀，始也。」廣雅釋詁云：「鼀，始也。」這和「肇」義相同。「造」與「肇」都是發語詞。曾子宣仲鼎「曾子仲宣竈用其吉金自作寶鼎。」「竈用」即「肇用」。「竈」字在這裏也是發語詞，與「造」「肇」相同。這是個發語詞，原只有聲音，没有本字，只有假借聲音相同的字，所以用「肇」，或用「造」，或用「竈」。「囿」和「佑」「有」都是一字之變，都是由「又」孳乳的。「又」演變爲「右」，由「右」又演變爲「佑」和「祐」。「又」又演變爲「有」，由「有」又演變爲「宥」和「囿」。這些字都是一字之變，所以可以通用。後世文字學者把這種情形説成假借，實是錯的。『有』與『或』及『域』古通用。尚書微子『殷其弗或亂正四方』。史記宋微子世家作『殷不有治政，不治四方。』詩天保『無不爾或承』，鄭箋云『或之言有也』。詩玄鳥『正域彼四方』，傳云『域，有也』。『有』『或』聲同，通用。『域』爲『或』之重文。

一九六八年二月八日草

一九六八年十二月十一日抄

師毁毁考釋

隹王元年正月初吉丁亥，白龢父若曰：師毁，乃且考又[illegible]于我家，女有隹小子。余命女死我家，糉嗣我西⿰阝冊東⿰阝冊僕、駿、百工、牧、臣妾，東栽内外。女毋敢不善。昜女戈戠戟，[illegible]必彤[illegible]十五鋽，鐘一，磬五，金。敬乃夙夜用事。毁拜頧首，敢對[illegible]皇尹休，用乍朕文考乙中將毁。毁其萬年子子孫孫永寶用亯。

黄東發商周文拾遺、郭沫若兩周金文辭大系、楊樹達積微居金文説皆謂伯龢即周厲王時干王位的共伯和。楊氏舉了三條證據：第一，彝器銘辭屢見『王若曰』，此銘稱『伯龢父若曰』，必伯龢父與王有同等之身份。尚書屢見『王若曰』，非王而稱『若曰』者，只有微子與周公。尚書君奭和立政，這兩篇都是周公稱攝時書。第二，此銘『首記命辭，次記賜物，末記楊休制器，與其他王命臣工之器無一不同。』第三，典禮云：『太子未除喪曰予小子。』尚書君奭周公自稱予小子，此銘伯龢父也自稱小子，與周公自稱相類。楊氏并謂此銘『隹王元年即共和元年，其所以稱王即因爲伯和父爲攝王。』

按此說不確。楊氏所舉的三條證據都難成立。此銘首記命辭，次記賜物，末記楊休制器，與其他王命臣工之辭體例雖然相同，但不能以此就說這也是王命臣工之辭。彝器銘辭中，天子大臣命其家臣，其銘辭也往往和天子命臣工一樣。如卯段就是一個顯明的例子。

> 隹王十又一月既生霸丁亥，𤇾季子入，右卯立中廷，𤇾白乎令卯曰：𢦏乃先祖考𣦼嗣𤇾公室。昔乃祖亦既令乃父𣦼嗣棥人，不盄，取我家窠，用喪。今余非敢○先公。又進○，余懋爯先公官。今余隹令女𣦼嗣棥宫棥人。女毋敢不譱。易女鬲章三、瑴一，宗彝一，將寶。易女馬十匹，牛十。……卯拜手頁手（䭫手）對䢅𤇾白休，用乍寶障段，卯其萬年子子孫孫永寶用。

這是𤇾伯命其家臣卯之辭。這不僅形式和王命臣工之辭相同，𤇾伯命卯的儀式也和王命臣工的儀式一樣。所以根據銘辭的形式斷定伯龢父就是干位稱王的共伯和是不正確的。

楊氏說白龢父自稱小子，這更是错誤的。銘云：『女有隹小子』，明明是白龢父説師毁的，怎麼説是白龢父自稱呢？這顯然是誤解這句話的意思。『予小子』也不見得只有天子才能這樣自稱。禹鼎云：『叔向父禹曰：余小子司朕皇考。』是諸侯、卿大夫也可以自稱『予小子』。而且此處之小子和『予小子』之小子含義是完全不同的，不能混爲一談。還有，楊氏引用曲禮也是錯的。厲王流彘，并没有死，共伯也不是厲王的太子，他怎麼能自稱『予小子』呢？

黄東發、楊樹達的意見，似乎只有王才能用『若曰』，其他的人就不可以。這也有問題。『若曰』有什麼特殊的含義，爲什麼只有王才能用，其他的人就不能用？尚書君奭和立政有『周公若曰』，微子有『微子若曰』『太師若曰』。君奭和立政兩篇『周公若曰』，楊樹達謂是因爲這兩篇是周公稱攝時的書。這個理由就不充分。君奭的年代舊時意見就不一致。史記燕召公世家云：『成王既幼，周公攝政，當國踐阼，召公疑之，作君奭。』這是以君奭是周公攝政時所作的。君奭疏云：『成王即政之初，召公爲保，周公爲師，輔相成王，爲左右大臣。召公以周公嘗攝王之政，今復在臣位，其意不説。周公陳己以告召公，史叙其事，作君奭之篇也。』這又以君奭是周公歸政以後作的。君奭篇的年代猶不能確定，據此便謂這兩篇的『周公若曰』是由於他攝政，行天子之事，證據是不確切的。立政是周公還政於成王時作的。周公既已還政於成王，退於人臣之位，怎麼還能用天子的口吻説話呢？即使説這是史官記述，史官又怎麼敢把周公當作天子呢？可知以立政之『周公若曰』是由於他攝政，理由更不充分。退一步説，君奭和立政之『周公若曰』是如楊氏所説是由於周公攝政，那麼『微子若曰』『太師若曰』又將如何解釋呢？師虎毀 蔡毀 楊毀 師嫠毀的銘辭中皆有『王若曰』。由這些例子看來，『若曰』的意思只是『這樣説』。并没有什麽特殊的含意。『若曰』既没有什麽特殊的含義，就不一定只有天子才能用。『若曰』既然是不只有天子才能用，則就不能以『白龢父若曰』一語來斷定白龢父是『干王位』，行天子之事的。

以白龢父爲共伯和，與史實也不相符合。史記周本紀正義引魯連子云：『衛州共城縣本周共伯之國也。共伯名和，好行仁義，諸侯賢之。周厲王無道，國人作難，王犇於彘，諸侯奉和以行天子事，號曰共和。十四年，厲王死於彘，共伯使諸侯奉王子靖爲宣王，而共伯復歸於衛也。』莊子讓王篇云：『許由娱乎潁陽，共伯得乎共首。』據此，是共伯和執政爲時十四年，後又還政於周宣王，而自己回到衛國，隱居共首。而彝器的白龢父，情况與此不同。『龢父』之名，除此器之外，又見於師嫠𣪘　井人妄鐘　師兑𣪘及三年師兑𣪘。師嫠𣪘　師兑𣪘和三年師兑𣪘都稱『師龢父』，井人妄鐘稱『龢父』。郭沫若認爲這即是一人。按郭氏又謂師嫠𣪘　井人妄鐘是宣王時器，師兑𣪘和三人師兑𣪘都是幽王時器。師嫠𣪘云：『師龢父段嫠叔巿，恐告于王。』師兑𣪘云：『王乎内史尹册令師兑，足師龢父嗣左右嗣馬，五邑走馬。』據此，白龢父自宣王至幽王時，一直在周廷任官。這與共伯和隱居共首之説完全不同。

由上所述，我們可以斷定，此器之白龢父决不是共伯和。

這篇銘辭實是白龢父命其家臣之辭。白龢父乃周室的卿大夫，師𣪘則是他的家臣。

銘辭云：『白龢父若曰：師𣪘，乃祖考又爵于我家，女有隹小子。命女𣦼我家。』在彝器銘辭裏，王稱王室，都稱『王家』。如康鼎『王命𠬝𤔲王家』。蔡𣪘『王若曰：蔡，昔先王既令女乍宰，𤔲王家。』克鼎『肄克龔保氒辟龔王，諫𣫞王家。』或說『我邦我家。』如毛公鼎『王曰：父厝，今余唯𦖞先王命，命女亟一方，圅我邦我家。』諸侯也稱『我邦我家。』如禹𣪘『余小子司朕皇祖考，帥井先文祖共明德，秉威義，用𦖞圝奠保我邦我家。』白龢父不稱其家爲『王家』或『我邦我家』，而只稱『我家』。諸侯稱國，大夫稱家，可知白龢父必不是王，也不是諸侯，而是卿大夫。此銘稱白龢父爲『皇尹』，師嫠𣪘和師兑𣪘謂白龢父爲司馬，白龢父實爲周之卿。

彝器銘辭記載賜物，有各種不同的情況。天子命官，賜賞之物是有它的用意的。這些賜物乃是表示品秩職位的高低的，也就是所謂『命服』。其中有巿、黄、攸勒、䜌、旂、幺衮衣、赤舄等。不是天子命官就没有這類東西。如上舉的卯𣪘，是焚伯命其家臣卯的，他賜卯的東西便没有巿、黄、攸勒、䜌等物。又如不𡢁𣪘，白氏賞不𡢁伐玁狁之功，賜物也没有這些東西。白龢父賜師𣪘之物也没有這些東西，足知這決不是天子命官，白龢父決不是王。

再次，從稱謂上也可以看出。彝器銘辭記天子命其臣工，臣工揚休，總説：『對揚王休』或『對揚天子不顯休』。而此銘云：『敢對揚皇尹休。』對白龢父不稱王或天子，而只稱『皇尹』，這更明白地説白龢父只是尹而不是王。

『柬𢦏』孫詒讓釋『董𢦏』。『𢦏』釋『𢦏』是正確的。『柬』釋『董』則非是。『柬』音如字讀。『𢦏』本𢦏，財、𢦏都是一字的發展。説文云：『柬，分别簡之也。』爾雅釋詁云：『柬，擇也。』『柬裁内外』意爲簡察内外。

因爲學者以伯龢父是共伯和，把此器定爲厲王時器，此銘的『王元年』即共和元年。我們説伯龢父不是共伯和，則此處之元年，便不是共和元年，此器也不是厲王時器了。

一九六八年一月二十五日草

一九六八年十二月九日重抄

衛𣪘考釋

五月初吉甲申，懋父賞卸正衛馬匹自王，用乍父戊寶隮彝。

『懋父賞卸正衛馬匹自王』。吴闓生云：『御正，官名，衛，人名。懋父賞以馬匹。云自王者，因王事而賚，猶詩言自公也。』（雙劍簃吉金文選）容庚云：『懋父賞其御正名衛者馬一匹，衛歸自王所。』（武英殿彝銘圖録）陳夢家謂『自王』是自王城。（西周銅器斷代研究）楊樹達謂賞是被動詞，『懋父賞』是賞懋父。他説：『懋父賞御正馬匹自王者，由王賞以御正之馬匹也。』楊氏謂『吴、容釋自王二字皆强説不可通。』吴、容之説誠不正確，楊氏之説也是錯誤的。我以爲『懋父賞御正衛馬匹自王，』是説懋父賞御正衛馬一匹，這匹馬是從王那裏來的。這當是王賞懋父馬，懋父又以一匹賞御正衛。按中觶『王易中馬自隭侯，四𩢸。』語例與此完全相同，不能説這是隭矦以中馬賜王。這必是王賞賜中馬，此馬是從隭矦處來的，也就是隭矦獻給王的。

這句話所以難解，是由於這句話的語法後世少見。其所以要用這樣的語句，乃是由於要使文句簡略。這種簡略，我們推測，蓋由於鑄器時不能不如此。因爲器有一定的大小，其能容納刻字的面積是有一定的。因之鑄器時銘辭的長短和每行的字數必須要與刻字的面積相適合。這樣，銘辭有時就不能不要求能簡練的地方便簡練些。彝器銘辭有許多都非常簡要，原因即在於此。這并不是由於銘辭的文體如此，或作銘者好爲詰屈難解之辭。這在當時是大家都能明白的，後世因爲年代相隔太遠，對其事實又不清楚，於是便覺得難讀。

此器羅振玉題爲衛彝，郭沫若題爲御正衛毀，楊樹達因爲銘辭是記賞懋父馬，改題爲懋父毀。這仍當以題御正衛毀或衛毀爲是。

一九六八年二月四日草

一九六八年十二月十七日重抄

天亡毀考釋

乙亥，王又大豐。王凡三方。王祀于天室。降，天亡又王。衣祀于王不顯考文王，吏（事）喜上帝，文王見才上，不顯王乍省，不肆王乍賡，不克三衣王祀。丁丑王鄉，大因，王降亡勛爵：復○，隹朕又慶，每虱王休于隣白。

這篇銘辭過去考釋者很多，意見甚爲紛亂。這是因爲有的字不認識，也由於一些字没有得到正確的解釋。我反復研讀，覺得此辭雖不能完全通解，但其主要的意思還是可以明了的。

『王又大豐』。『大豐』或釋爲『大禮』。或讀爲『大封』。或讀爲『大豐』，謂是『游娱之事，不關典禮。』我們認爲還是以『大禮』爲當。『又大豐』也必是説大祭祀、大典禮。

『王冃三方』。『冃』學者或釋『凡』，假爲風，義爲諷。『王冃三方』謂王告三方。或謂讀爲『汎』，『冃三方』即『汎三方』。按二説文義皆難通。尤其後一説，文義文法都説不過去。我疑心這乃是『同』字。『同』字金文作『[古文字]』，从冃从凵，也就是在『冃』下加『凵』，甲文和金文往往有這樣的情形，就是在原字之下加『凵』，例如『[古文字]』字，又作『[古文字]』，『[古文字]』字，又作『[古文字]』或『[古文字]』。『同』字，也可能是這樣。又『彤』字，金文作[古文字]。此字顯是『[古文字]』聲，『[古文字]』是『冃』中加一點。由此知『同』在此可能有兩種意思。一與詩文王有聲『四方攸同』之『同』相同，『王同三方』意爲統一三方。一爲會同之『同』。周禮大宗伯『殷見曰同』，鄭注云：『殷猶衆也……殷見四方，四方分時來，終歲則徧。』我們從史實和文意來看，似應以前一種比較近於原意。史記封禪書云：『武王克商二年，天下未寧而崩。』武王克商以後，在位時間很短，恐不能就有會同的制度。會同是四方分四時來見，似不能説是大禮，與下文『王祀于天室』文義似也不相接。『王又大豐。王同三方，王祀于天室，』是説『王舉行大典禮』，這就是

『王征服了三方，祭祀于天室。』這裏不言四方而言三方，是因爲周自稱『西土』，它所征服的是其他三方。『天室』楊樹達謂即逸周書度邑解『定天保，依天室』之『天室』。這實是錯誤的。度邑解之『天室』别是一事，與此處之『天室』毫無共同之處，『天室』當仍以就是『大室』爲是。

『王祀于天室，降，天亡又王。』郭沫若讀爲『王祀于天室降，天亡又王，』并云：『「天室」，就是天亡之室。』陳夢家又這樣句讀：『王祀于天室，降天亡又王衣祀于不顯考文王事，喜上帝。』并云：『降天亡又王，是降天亡佑助以二事。所助祭之二事：一爲衣祀不顯考文王事，一爲喜上帝。』這兩種句讀解釋都是錯的。尤其陳氏之説不成文理。楊樹達讀『王祀于天室，降，天亡又王。』是正確的。『降』楊樹達謂『由天室下降』也。甚是。『右』劉心源、楊樹達、陳夢家都訓助，謂是助祭。爾雅釋詁云：『右相，導也。』『右』義蓋爲佑相。這是説王從天室下降，天亡爲佑相。

『衣祀于王不顯考文王，事喜上帝』。『喜』即『饎』字。韓詩外傳云：『大饎，大祭也。』這是祭祀文王，同時祭祀上帝。史記封禪書云：『周公既相成王，郊祀后稷以配天，宗祀文王於明堂以配上帝。』由此銘看，武王時已文王與上帝同祭了。

『文王見才上，不顯王乍省，不韓王乍𢊁，不克三衣王祀。』『文王』下一字不清晰，但不是『德』字，仍當以釋『見』爲是。『見』義蓋爲臨視。『不顯王乍省，不韓王乍𢊁』，這兩個王楊樹達謂前一個是文王，後一個是武王。陳夢家謂兩個王都是指武王。按上文云『不顯考文王』，『文王見在上』。對於文王都稱『文王』，此處只稱王而不稱文王，必是當時在位之王，也就是武王。此器是武王之臣天亡作的，這兩句話是天亡頌揚武王的，所以用『不顯』『不⿲糸巾糸』這樣頌揚之辭。『⿲糸巾糸』楊樹達謂是『肆』之古文，義爲力及勤。爾雅釋言云：『肆，力也。』文選東京賦薛注云：『肆，勤也。』我以爲這也是『⿲糸聿糸』字；也就是『肄』字。『⿲糸聿糸』乃是『⿲糸巾糸』字之變。詩谷風『既遺我肄』，傳云：『肄，勞也。』詩雨無正『正大夫離居，莫知我勩』，傳云：『勩，勞也。』昭公十六年左傳引『莫知我肄』。『不⿲糸巾糸』意爲勤勞。這種頌揚之辭，可以稱頌祖先，也可用以稱頌生人。如虢季子白盤『不顯子白』，召卣『不⿲糸巾糸白懋父。』此銘稱頌武王，也是稱頌生人。『省』學者或釋『相』，非是。這自是『省』字。『省』就是『循』。大盂鼎『雩我其遹省先王。』㝬鐘『王肇遹省文武』，『遹省』即『遹循』。『⿸庚凡』字不能確識。郭沫若、楊樹達都謂此字當讀庚聲。楊謂讀爲『庚』，續也。我以爲可以釋『賡』。『⿸庚凡』从凡庚聲，『賡』从貝庚聲。文字演變，是可以有這樣的變化的。說文云：『賡，續也。』『不顯王作省，不⿲糸巾糸王作⿸庚凡』，是說武王述循文王之志，繼續文王之業。

『不克三衣王祀』，這句話最爲難解。『三』于省吾、郭沫若、陳夢家都釋『乞』即『訖』，義爲終，『衣』即『殷』。『不克乞衣王祀』，即克終殷王祀，也就是克滅殷。楊樹達釋『三』爲『三』，『祀』義爲年，『不克三衣王祀』是謂『三倍殷室稱王之年，古人以三爲多，三倍意即爲多倍。』這都是錯誤的。『三』是『乞』字是正確的，衣決不是殷。我以爲此處『衣』義蓋爲保守。詩公劉『依其在京』，『於京斯依』。史記周本紀云：『公劉雖在戎狄之間，復修后稷之業，務耕種，行地宜，自漆沮渡渭取材用，行者有資，居者有畜積，民賴其慶，百姓懷之，多徙而保歸焉。』司馬遷這段叙述是用公劉之詩的。他把這兩句詩釋爲百姓懷之，多徙而保歸焉，可見他是以『依』義爲保。詩閟宫『赫赫姜嫄，其德不回，上帝是依，無灾無害，彌月不遲，是生后稷。』傳云：『依，依其子孫。』箋云：『依，依其身也。』朱熹集傳『依，猶眷顧也。』都不明確。吾意『依』義即爲保，這是説上帝保佑姜源，無灾無害而生后稷。詩意甚爲明白。僖公三年左傳『吾享祀豐絜，神必據我。對曰：臣聞之，鬼神非人實親，惟德是依。故周書曰：皇天無親，惟德是輔。』『依』義也必爲保，『惟德是依』是説天只保佑有德者。『依』義又爲守。論語述而『據於德，依於仁，游於藝。』『依』何晏訓『怙恃』，不可通。按荀子不苟『唯仁之爲守，唯義之爲行，誠心守仁則形。』『守仁』顯然即是『依於仁』，知『依』義爲守。朱熹云：『依者，不違之爲仁』，不違也就是守。又尚書康誥『今民將在祇遹乃文考，紹聞衣德言。』僞孔傳云：『今治民將在敬循汝文德之父，繼其所聞，服行其德言，以爲政教。』『衣』我以爲義也當爲守。『衣德言』即遵守文王之德言。『不克』即克，尚書大誥『王曰：爾惟舊人，爾丕克遠省，爾知寧王若勤哉。』語例與此一樣。『祀』是指國。大盂鼎『隹殷邊侯田，雩殷正百辟，率肆于酒，古（故）喪𠂤（師）巳（祀）。』『不克乞衣王祀』是説武王遵循文王之志，繼續文王之業，能終保守其國家。我覺得我這樣解釋，不論在句逗上、文法上、字義上都没有毛病，而且文從字順，文義明白通暢。

「丁丑，王鄉，大𡧊」我疑心這是在祭祀之後饗宴群臣。「鄉」即「饗」字本字。「𡧊」是俎字，也是「宜」字。「宜」義爲肴。爾雅釋言云：「宜，肴也。」詩女曰鷄鳴「弋言加之，與子宜之」，傳云：「宜，肴也。」「宜」在此爲動詞，義當爲食肴。「王鄉大宜」，蓋是説王饗宴群臣，賜食肉肴，也就是大宴群臣。楊樹達謂「設祭於太祖之廟」，大謬。

「王降亡助爵：𠬝〇」。「𠬝」字説文所無，不識。從字形看，疑是「勛」字或「勩」字。説文云：「勳，能成王功也，从力熏聲。勛，古文勳从員。」又云：「勩，勞也，詩曰『莫知我勩』，从力貰聲。」「爵」即詩簡兮「公言錫爵」之「爵」。「降」義爲賜。「王降助爵」，意是説王賜天亡酒以慰勞他。這是因爲武王祭祀文王，天亡佑王，所以武王賜天亡酒以慰勞他。楊樹達謂助爵是爵名，也是錯的。

「隹朕有慶」，「慶」義爲福。詩楚茨「孝孫有慶」、甫田「農夫之慶」，傳云：「慶，福也。」國語周語「晉國有憂，未嘗不戚；有慶，未嘗不怡」，韋昭云：「慶，福也。」這是説王賞賜他爵，賜他福。

一九六七年十二月十二日草
一九六八年十二月十六日重抄

䖒霝卣考釋

子易䖒霝珂一，䖒霝用乍丁師彝。

『珂』，阮元謂『○』爲古珠字，『珂一』即玗珠一。吳式芬謂『○』爲圓形。近時楊樹達釋『玗』，『○』乃象玉之形。楊氏云：『余謂此即玗字也。説文一篇上玉部云：玗石之似玉者，从玉于聲。字下从○者，象玉之形也。知者馭方鼎云：玉親錫馭方玉五㱿，㱿字不从玉而从○作㱿，以○爲玉字，是其證也。』

我以爲『珂』乃是『璧』字。這個字實不是从玉于聲而又加○，這乃是从玉啇聲。麥尊『雩若日翊，在⿰王啇雝』，『璧』字作『⿰王啇』，从玉啇聲。此字正與之相同。此字所从之『可』乃是在文字演變中，由啇演變的。

説文云：『辟，法也，从卩从辛，節制其辠也，从口，用法者也。』按『辟』字實也是从卩从啇。『辟』字金文有□□□（師害簋）□（作册䰧卣）□（辟東尊）等形。後三字很明顯是从啇而不是从辛从口。如前三字形狀者，所从之□或□，直畫都是向左曲，沒有直的。『辛』字不論甲文或金文，直畫都是直的，决不見有曲的。『辟』字如从『辛』，爲什麽都作曲畫而不作直畫呢？這就因爲『辟』字實不是从『辛』，而是从『啇』。『辟』字原是从『啇』，往後書寫演變，『啇』字的曲畫逐漸改變接近於直，但乃不是直。許慎不了解這種演變，便誤以爲是從『辛』。還有一個字可作爲佐證。『辥』字甲文作『辥』或『辥』，所从之『丂』和『丂』所从之『丂』即是一字。而金文『辥』作『辥』或『辥』，所从之『丂』曲畫也變成近於直畫，與『辟』字的演變一樣。說文也誤以爲是从『辛』。

說文云：『啇，語相訶歫也。从口歫辛，辛，惡聲也。讀若櫱。』我以爲『啇』乃是『辟』字的初字，是像以農器掘地之意，本義爲開闢墾闢，孳乳爲『辟』，由『辟』又孳乳爲闢。語相訶歫乃是別一義。此銘『珂』字是以『啇』表聲。

一九六八年一月三十一日夏歷元旦草

一九六八年十二月十九日重抄

杜伯盨考釋

杜白乍寶盨，其用亯孝于皇申且考于好倗友，𠦪壽匃永令，其萬年永寶用。

『申』讀爲『神』。說文云：『申，神也。』金文『神』字作『神』，或又作『申』。㝬鐘『隹皇上帝百神，保余小子。』寧𣪘『其用各百神。』伯𢦚𣪘『隹用妥百神』，皆作『神』。大克鼎『顯孝于申』，及此銘都作『申』。『神』字或又作『䰠』。說文云：『䰠，神也。』山海經中山經：

『青要之山，魁武羅司之。』郭注云：『魁即神字。』『申』當就是『神』字的初字，後加『示』或『鬼』旁表示鬼神之意，便成爲『神』及『魁』字。

然則『申』義何以爲『神』呢？段玉裁注說文云：『不可通。』按說文云：『電，陰陽激耀也，从雨从申。』又說文『虹』字云：『虹，螮蝀也……𧌒，籀文虹从申。申，電也。』據此，『申』字本義是電，『申』字甲文金文都作『』或『』，像電閃之形，『申』必就是電的象形字。『申』義爲電，何以又爲神呢？這蓋由於在自然現象中最顯著、最令人駭懼，使人感到最有威力者無過於雷電。原始人對於這種現象，不知其故，因以爲神。宗教起源於人類對自然的崇拜，現在，從我國古文字中得知神就是雷電，神的觀念是起於人類對雷電的崇拜，這不能不說是很有意義很有趣味的事。

『神』的觀念在我國西周時已很普遍。彝器銘辭中有『神』和『百神』，詩書更所見不鮮。尚書金縢『予仁若考，能多材多藝，能事鬼神。』詩時邁『懷柔百神』，旱麓『豈弟君子，神所勞矣。』民勞『神罔時怨，神罔時恫。』商代是否已有神的觀念，過去學者多沒有注意，研究卜辭，研究商代的宗教，都只論到帝，而沒有論到神。我們推想，商代也必已有神的觀念了。因爲雷電是自然界最顯著的現象，人類對之崇拜應是很原始的。商代已有最高神上帝了，神的觀念不能沒有。鬼神世界是人摹擬人的現實社會而設想的，當時社會已有了最高統治者，然後才能設想有個最高神上帝。同時，西周之初神的觀念已很普遍，這也可以證明在此以前必有神的觀念了。殷契粹編四七七片『乙亥卜，又十宰十伐大甲申』，郭沫若云：『大甲下著一申字，未解何義。若爲甲申連文，則於大字亦無説。』我疑爲『申』當即是『神』字，『大甲申』是謂大甲之神靈。若此説不誤，則商代已有神的觀念，更無可疑。

甲文有『□』字，釋電或釋雹。近時學者釋雷，從字形看，羅振玉説較葉玉森説爲長，但似也不完全正確。卜辭『七日壬申□，辛巳雨，壬午亦雨』（前四、一一、二一），『癸巳卜，□貞，雨，□，不隻』（前四、一、二二），『（缺）㝊貞，□，不惟𧩼』（甲骨文零拾一），若釋『電』便難通，在我國語言里，不論古今，對於雷電可以單稱雷，没有單稱電的。若釋雷，聲音又不合。我以爲此字當讀爲『震』。説文云：『震，劈歷振物者，从雨辰聲』。詩十月之交『爗爗震電』，又詩常武『如震如怒』。廣雅釋天云：『震，雷也。』此字讀爲『震』，卜辭辭義便通順無病。此字从□从吅，『□』是電，『吅』則表示雷聲。雷金文作『□』或作『□』，从畾或从𤳳，乃是表示雷動的意思，畾或𤳳不是田，而是車輪。説文云：『雷，从雨畾，象回轉形。』在我國文字中，凡是大聲都用吅、品或㗊來表示。如説文云：『吅，驚嘑也。』『咢，譁訟也。』『喿，鳥群鳴也。』『嚚，語聲也。』『囂，聲也。』『嘂，高聲也，一曰大呼也。』『囂，呼也。』雷聲自也可以用『吅』來表示。（吅不必就是説文之吅字），『神』字或又作『□』，是『□』也必就是

『申』字，『申』與『震』聲音相同，這也可以知道𢀖當讀爲『震』，『申』『𢀖』當就是『震』字的本字，『震』則是後起的形聲字。

一九六七年十二月十九日草
一九六八年十二月二十一日重抄

麥盉考釋

井侯光氒吏麥，鬲于麥宫。侯易麥金，乍盉，用從井侯征吏，用旋走佀夕鬲卸吏。

楊樹達謂『光當讀爲貺』。守宫尊『周師光守宫事』，宰峀毁『王姿宰峀貝五朋』，遙卣『子光商遙貝二朋』，鄧彝『王光商鄧沚貝。』叔尸鐘『敢再拜䭫首雁受君公之易光。』這些『光』楊氏全謂讀爲『貺』，『吏』楊氏謂爲『事』字，義爲職責。『井侯光氒吏麥』，是『謂井侯貺職事於麥。』按楊氏之説實是錯誤的。

我以爲『光』義實是光寵、光榮。廣雅釋言云：『龍、光，寵也。』司馬遷報任少卿書『下之不能累財積勞，取尊官厚禄，以爲宗族交游光寵。』詩蓼蕭『爲龍爲光。』遲父鐘『遲父乍姬（？）齊姜龢𩎟鐘，用邵乃穆穆不顯龍光。』『光』義都爲寵。『光』義又爲光榮，召尊『召多用追于炎不𣆪白懋父友，召萬年永光。』令彝『用乍父丁寶䵼彝，敢追明公賞于父丁，用光父丁，』

守宮尊等器和此銘『光』字義都爲光寵。『周師光守宮事』，是説『周師寵守宮以事。』『王姿宰凷貝五朋』，是説『王寵賜宰凷貝五朋。』『子光商𠭯貝二朋』是説『子寵賞𠭯貝二朋。』『王光商鄧沚貝』，是説『王寵賞鄧沚貝。』『雁受君公之易光』，是説『受君公之錫寵。』『井侯光氒事麥』，是説井侯光寵麥。

詩皇矣『帝省其山，柞棫斯拔，松柏斯兑。帝作邦作對，自太伯王季。維此王季，因心則友，則友其兄。則篤其慶，載錫之光。受禄無喪，奄有四方。』傳云：『光，大也。』鄭箋云：『王季之心親親而又善於宗族，又尤善於兄大伯，乃厚明其功美，始使之顯著也。大伯以讓爲功美，王季乃能厚明之，使傳世稱之，亦其德也。』朱熹謂王季『既受大伯之讓，則益修其德，以厚周家之慶，而與其兄以讓德之光，猶曰彰其知人之明，不爲徒讓。』『載錫之光』與叔尸鐘『雁受君公之錫光』語例正是一樣。『光』義應也爲光寵。『慶』義爲福，這章詩意是説古公遷周以後，上帝看到周山林開闢，因自大伯王季之時，上帝就爲周建國。上帝看到王季友於其兄，更厚其福慶，賜之光寵。王季受此福禄，乃奄有四方。鄭玄、朱熹的解釋都是錯誤的。

『吏』楊樹達釋『事』，是對的，但謂這是井侯賜麥之職事，則不正確。按麥器還有麥尊彝麥鼎，是與此同時之器，所記的事也相同。彝銘云：『才八月乙亥，辟井侯光氒正事，鬲于麥宮，易金。』語例與此一樣。若依楊氏之説，則『正』也當是人名，這是説井侯貺職事於『正』。這顯然不可通。所以這個字和這句話決不能如楊氏這樣解釋。『正』『事』實都是職官之名。尚書酒誥『文王誥教有正有事。』又云：『茲乃允惟王正事之臣。』『正』『事』都是職官。爾雅釋詁云：『正，長也。』大盂鼎『隹殷邊侯田雩殷正百辟。』『正』也是職官。『𤔲正事』即『正事之臣』。『𤔲事麥』，『事』是麥所任之職官，不是以職事賜麥。

『鬲于麥宮』。『鬲』楊樹達釋『𩰲』。説文云『𩰲，秦名土釜曰𩰲，从鬲午聲，讀若過』，在此假爲『過』。『鬲』孫星衍、孫詒讓謂讀爲『歷』。按説文云：『隔，障也。从𨸏鬲聲。』典籍多假『鬲』爲『隔』。如史記大宛傳『匈奴右方居鹽澤以東，至隴西長城，南接羌，鬲漢道焉。』漢書薛宣傳『西州鬲絶，幾不爲郡。』南粤王趙陀傳『今高后聽讒臣，别異蠻夷，鬲絶器物。』是『鬲』『隔』聲音相同，『隔』與『過』一聲，所以『鬲』可以假爲『過』。『宮』學者多釋『宮』，容庚金文編以爲『宄』字，釋『宄』文義不合，釋『宮』也難信從。近年陝西西平出土銅器有幾父壺（見文物一九六一年第七期）銘云：『隹五月初吉庚午，同中宮西宮。』『宮』與『宮』字同見，又是動詞。『宮』字不能作動詞用。可知必不是『宮』字。我疑這乃是『居』的本字。説文云：『居，蹲也，从尸，古者居从古，踞，俗居从足。』『居』字的本義不是居處或居室，其作爲居處居室字當是假借。『宮』字又作『宄』，从『宮』从『九』，由字形推測，此字必有宮室之義，从九當是表聲的。换句話説，此字當是从『宮』『九』聲。按『九』和『居』聲同義也相同。説文云：『九，陽之變也，象其屈曲究盡之形。』『居』也有屈義。荀子宥坐篇『其流也，埤下裾拘必循其理。』楊倞注云：『埤讀爲卑；裾與倨同，方也；拘讀爲鉤，曲也。』考工記『倨句磬折，謂之中地。』淮南子本經訓『句爪居爪戴角出距之獸。』『居』義都爲屈，『居』『倨』『裾』即是一字。我疑『九』即是『居』『倨』的本字。後因用『九』作爲數字，又假用『居』字，『倨』『裾』則又是『居』加偏旁而成的。『⿱宀⿱九口』『宄』用『九』表聲，可知當讀若『居』，因爲假『居』爲『九』，所以又假『居』爲『宄』。『井侯光氒事麥，鬲于麥⿱宀⿱九口』是說井侯光寵其事官麥，到麥的家里。

『用從井侯征事』，『征』即是『政』。『正』『征』『政』是一字之變，古通用。『用從井侯征事』，是說從事於井侯之政事。

『用⿸㫃止走⿰亻西夕鬲𠨧事。』『⿸㫃止走』又見於召卣云：『召啓進事，⿸㫃止走事皇辟君。』郭沫若云：『⿸㫃止走即奔走。』『⿸㫃止走』意與奔走略同，是正確的，但不能逕釋爲奔走。金文自有奔字。『⿸㫃止』自是『旋』字。說文云：『旋，周旋旌旗之指揮也。从㫃从疋，疋，足也。』『旋』字所从之『疋』爲足，正和『⿸㫃止』字所从之『止』相同。從字形看，『⿸㫃止』字本義蓋爲隨指揮之旌旗而奔走。僖公二十三年左傳『其左執鞭弭，右屬櫜鞬，以與君周旋。』韋昭云：『與君周旋相馳逐也。』馳逐也就是奔走。『御事』楊樹達云：『謂御事之人。』這是不正確的。此處『御事』乃是個動詞，意爲治事，而不是御事之人。『御』義爲治。尚書大誥『王若曰：猷，大誥爾多邦越爾御事。』『肆予告我友邦君越尹氏御事。』『爾庶邦君越庶士御事。』『爾邦君越爾多士，尹氏御事。』『爾庶邦君越爾御事。』酒誥『厥誥毖庶邦庶士越少正御事。』召誥『誥告庶殷越自乃御事。』『王先服殷御事，比介於我有周御事。』『御事』僞孔傳都謂是『治事之臣。』洹子孟姜壺『洹子孟姜用气嘉命用祈釁壽萬年，無疆，御爾事。』『御爾事』，即治爾事。御事這個官的名稱就是由其治事而來的。『㐰』即『夙』字。説文『夙』字古文作『㐰』及『㐰』。『咼』乃當爲『過』，義蓋爲過往，過從。『用旋走㐰夕咼𠬝事』，是説奔走早晚從井侯治事。

一九六八年二月十八日草

一九六八年十二月廿五日重抄

師俞鼎考釋

王女上侯，師俞從。王夜功，易師俞金。俞則對楊氒德。其乍氒文考寶鼎，孫子寶用。

孫詒讓云：『女當讀爲如。』爾雅釋詁：『如，往也。』『王如上侯』即王往上侯（古籀拾遺），極是。

『夜』楊樹達謂當讀爲『度』。楊氏云：『夜字疑當讀爲度。夜字从亦省聲，亦聲之字有讀舌音者，狄字是也。夜功者，王度從臣之功，而錫師俞以金也。』這完全是臆説。夜古音在五部，亦古音在五部，狄古音在十五部，度古音在五部，『亦』和『狄』只同音而不同聲；『狄』和『度』只同聲而不同音，『亦』和『度』聲與音都不同，『夜』怎能讀爲『度』呢？我以爲

『夜』當讀爲『掖』，義爲獎掖。這是説王如上侯，獎掖從臣之功，賜師俞以金。

説文云：『掖，㠯手持人臂也，从手夜聲。一曰臂下也。』詩衡門序『僖公愿而無立志，故作是詩以誘掖其君。』鄭箋云：『掖，扶持也』。『掖』之本義蓋爲臂下，其義爲以手持人臂或扶持乃是引申義，也就是以名詞爲動詞。『夜』的本字實爲『亦』。説文云：『亦，人之臂亦也。从大，象兩亦之形。』又云：『胳，亦下也。』『胠，亦下也』『夜』字是『从夕，亦省聲。』二字聲音相同，而又有關係，因之假『夜』爲『亦』，後世又加『手』旁作『掖』。俗又或加『肉』旁作『腋』。

自從段玉裁、王念孫倡爲文字『因音得義』『就古音以求古義』以來，學者多用同聲假借研究訓詁。這種方法近世研究甲文金文者用得尤其多，動輒説『以聲音求之』『以聲類求之』，某字與某字通用，或者説，某字與某字古音同在某部可以通用。段王之説是否正確，就很有問題，近世學者則更是濫用假借。我國文字中假借字誠然很多，在我國文字的運用和發展中占很重要的地位，但假借也有其一定的範圍和規律，并不是漫無限制。假借必音相同，或聲相同，或聲音相近，并不是聲音相同或相近就都可以通假。段玉裁説：『假借必同部。』這句話雖不完全正確，還有一部分道理。因爲許多假借字確實是同部的，確有許多是同音的。但是這一理論的逆定理是不能成立的，即不能説凡古音同部的字，都可以通用。如果説凡是同部的都可以通用，那字形便毫無作用，字形不起作用，那等於没有文字。近代研究文字學言通假者，正是用這樣的理論。我們認爲，研究我國古文字，必須首先研究字形。這就是研究一字形的演變，進而研究它在古代文獻中使用的情況。這樣，以推斷它的字義。聲音只是輔助的，假借字不只是研究它的聲音，還必須要在文獻中求得確切的證據。這樣，庶幾可以減少繆誤。

彝器銘辭揚休多云『對揚王休』或『對揚氒休』，而此云『對揚氒德』，是『休』與『德』義必相近。我以『休』義爲恩，這又可爲一佐證。

此器舊題爲師艅鼎，『艅』實就是『俞』字，今改題爲師俞鼎。

一九六八年二月四日草

一九六八年十二月廿六日重抄

⿰⿱宀十支叔毁考釋

隹三月初吉癸卯，⿰⿱宀十支叔○○于西宮，貝十朋。用乍寶毁，子子孫孫其萬年寶用。

『』吴榮光釋『益』，說文『嗌』字籀文作『』，與此形近。漢書公卿百官表『作朕虞』，應劭云：『，伯益也。』師古曰：『，古益字。』在此假爲易。楊樹達云：『益』『易』古音同部，所以能通假。

按吴釋『』爲『益』是正確的。但謂假爲『易』則不盡當。『益』義自爲賜予。近時出

土有德器，叔德毁云：『王𢦚叔德臣𢿌十人，貝十朋，羊百。』德毁云：『王𢦚德貝廿朋。』『𢦚』學者都釋『益』，在這裏義顯爲賜予。又國語晉語載范宣子與和大夫爭田，後來聽了訾祏的話，很歡喜，『乃益和田與之和』。益義也顯爲予。

按『易』也有益義。如：

豆閉毁『用乍朕文考釐叔寶毁，用易壽考萬年。』

大克鼎『𩏂克○于皇天，頊于上下，髦屯亡敃，易釐無疆。』

㒼叔多父盤『㒼叔多父乍朕皇考季氏寶攴，用易屯录，受害福。』

黃君毁『黃君乍季嬴○賸毁，用易𩛥壽，黃耇萬年。』

鄀公敄人毁『上鄀公敄人乍𨻰毁，用亯孝于氒皇且于氒皇考，用賜眉壽，萬年無疆。』

鄀公平侯盂『鄀公平侯自乍𨻰盂，用追孝于氒皇且晨公于氒皇考𡱒𪓚公，用賜眉壽萬年無疆。』

鄀公諴簠『䖳公諴乍旅簠，用追孝于皇且皇考，賜眉壽萬年。』

曾伯陭壺『隹曾伯陭迺用吉金鐈鋚，用自乍醴壺，用鄉賓客，爲德無叚，用孝用亯，用賜眉壽。』

郜遣毁『郜遣乍寶毁，用追孝于其父母，用易永壽。』

微䜌鼎『䜌用亯孝于朕皇考，用日易康勵魯休屯右。』

克盨：『克其日易休無疆。』

師俞鼎：『俞拜頷首，天子其萬年眉壽黄耇，畯才位。俞其蔑曆，日易魯休。』

這些易字，前面都没有主詞，決不能訓賜予，其義必爲益。『用易壽考萬年』『用易眉壽』，即是益壽，和後世俗語『延年益壽』一樣。

詩大雅既醉：『孝子不匱，永錫爾類。』『君子萬年，永錫祚胤。』『錫』鄭玄、朱熹都訓賜予。訓賜予，詩意總難通，或不免曲解。我以爲此處『錫』義也爲益。隱公元年左傳云：『君子曰：頴考叔純孝也，愛其母，施及莊公。詩曰：孝子不匱，永錫爾類。』我們體會這段話，『錫』實應訓益。這是説頴考叔之孝影響到鄭莊公，孝子總是永遠有益於其同類。『君子萬年，永錫祚胤』，意顯與『日易休無疆』『日易魯休』一樣。

考賜予字又多訓益。例如『貺』義爲賜，也訓益。國語晉語『以衆故，不敢愛親，衆況厚之。』『今子曰中立，況謀固其謀也。』韋昭并云：『況，益也。』詩常棣『每有良朋，況也永歎。』出車『僕夫況瘁。』傳箋并云：『況，兹也。』詩桑柔『倉兄填兮』、召旻『職兄斯引』，傳并云：『兄，兹也。』兹也是益。又如『遺』字義爲贈遺，又爲加，詩北風『政事一埤遺我。』傳云：『遺，加也。』又如『贈』字義爲贈送，又爲益、加。説文云：『增，益也。』又云：『譄，加也。』又云：『會，合也，从亼从曾省，曾加也。』『曾』『增』『譄』『贈』都是一字之變，由這種情形看，疑最初在語言里，賜予就是增益的意思。疑『易』『益』『遺』最初就是同一個詞，這個詞原沒有本字，因之或假用『易』，或假『益』，或假用『遺』。

一九六八年二月四日草

一九六八年十二月廿六日重抄

不記月中齍考釋

隹王令南宮伐反虎方之年，令中先，省南或，⿱毌東行。埶王应，才夔鄉員山，中乎歸生鳳於王，埶于寶彝。

『伐反虎方』是說伐反叛者虎方。史記灌嬰列傳『以車騎將軍從擊反韓王信於代。』語例與此一樣，可知是這樣的句法。漢書刪去『反』字，蓋班固時已沒有這樣的用法了。

『先』楊樹達謂意爲先行，『⿱毌東』爲『貫』字，『⿱毌東行』爲通道，都是正確的。詩小雅六月『元戎十乘，以先啓行』，銘辭意正與此相同。『省』字或釋『相』，非是。這實是『省』字。義爲巡視。淮南子精神訓『禹南省方而濟於江。』高誘云：『巡狩爲省，省視四方也。』『埶』字很難解。楊樹達謂讀爲『⿱𠂤又』，治也。毛公鼎『埶大小楚賦。』王國維謂『埶』與尚書多方『爾罔不克臬』之『臬』聲相近，義也爲治。『埶』在此有治義，似無可疑。但王氏和楊氏之說證據不足。按昭公十三年左傳『令諸侯，藝貢事，禮也。』『藝』字用法和毛公鼎正相同，在這裏也有治義。昭公十三年左傳『貢之無藝』，杜預注云『藝，法制』。服虔云：『藝，極也，一曰常也。』『藝貢事』蓋謂制定貢賦之常法。制定貢賦之常法，義仍爲治理。禹貢云：『淮沂其乂，蒙羽其藝』，又『岷嶓既藝，沱潛既道。』師古曰：『岷，岷山也。嶓，嶓冢山也。言水已去，一山之土皆可種藝。』孫星衍云：『藝者，廣雅釋詁云「治也」，僞孔傳云「種藝，非也」。』由此可見，『藝』義蓋爲治，引申爲常法。

『应』字學者多釋『居』，容庚金文編以爲説文之『𠫊』字。説文云：『𠫊，石聲也。』玉篇云：『𠫊亦拉字。』唐兰以爲『𠫊』，即『位』，他説：師虎簋『元年六月既望甲戌，王才杜应（位）……昭王穆王時期經常遠游，不在宮里，臨時構築的住處就叫位』。（永盂銘文解釋　文物一九七二年第一期）唐兰又説：『嘯堂集古録上卷中方鼎記昭王南巡時先派中去執位。』（同上附注）陳夢家又釋『廙』。甲文『羽』字或加『立』爲聲旁。『翊』後又假『翼』爲之，是『立』『異』聲音相同。説文云：『廙，行屋也。』從字形看，這自是説文之『𠫊』字，但訓石聲，文義不合。若釋『居』，字形聲音又都不合。釋『廙』恐也不對的。段玉裁云：『行屋，所謂幄也。』據此『廙』乃是幄帳，這和应義仍不盡相符。銅器銘辭之『𠫊』都是固定的地方。如長白盉『穆王在下減应』，舀鼎『王在遻𠫊』，師虎毁『王在杜宔。』楊毁『王若曰：楊作嗣工官嗣量田、佃、眔嗣宔。』尤其楊毁謂王命楊司宔，宔必是固定的處所而不是行幄。我疑心『𠫊』乃『廬』字的本字。説文云：『廬，寄也。』閔公二年左傳『立戴公以廬於曹。』廬是暫住的地方。『𠫊』徐鉉音盧答切，『⿸厂立』與『盧』聲音相同。銅器銘辭中，『⿸厂立』都不在周京，而在它處，這和盧義爲寄也相合，『⿸厂立』又作『⿸广立』或『⿱宀立』，是像人在崖岸和屋下，與『安』字又作『⿸厂安』和『⿸广安』相類同，當是個會意字。説文謂『从厂立聲』，是個形聲字，當是錯的。『令中先，省南或，貫行，埶王位，在夔⿰阝鄉員山。』是説王伐虎方，命中先行，省視南方的情況，并開通道路，布置王的住處，也即是所謂行宮。這個住地是在夔⿰阝鄉員山。夔疑即是夔國，⿰阝鄉爲地名，員山則是山名。

歸生下一字舊無釋，葉玉森、郭沫若釋『鳳』，楊樹達謂不可識，疑是報告等字之義。按釋『鳳』是對的：此字作『□』和甲文『□』字形完全相同，只多□而已。但郭沫若謂『鳳』是鳳鳥，『歸生鳳於王』，是歸活鳳鳥於王，則屬錯誤。『歸生』當如楊樹達之説，是人名，『鳳』即『風』字，卜辭都以『鳳』爲『風』。尚書費誓『馬牛其風』，鄭玄云：『風，走逸。』僖公四年左傳『唯是風馬牛不相及也。』服虔云：『風，放也。牝牡相誘曰風。』我以爲『風』義當爲奔。僖公二十八年左傳『城濮之戰，晉中軍風於澤。』『風』決不能訓走逸或牝牡相誘，義必爲奔。『馬牛其風』是説馬牛奔跑掉了。『風馬牛不相及』是説馬牛奔跑不相及。『中乎歸生風于王』，是説中命歸生奔告於王。這就是王命中先行，省視南國，開通道路，布置王行宮，諸事既就之後，中命歸生奔告於王。

『埶于寶彝』，楊樹達謂『埶』讀爲槷，刻也。這乃是從文意推想的，不免以臆爲之。按中觶『中埶王休』。這和『對楊王休』語例一樣。『埶』義當與『楊』相同或相近。『埶于寶彝』

和天亡毀『每楊王休于隩白毀』語例相似。疑這可能是『𧶲休于寶彝』之省。『𧶲』義也與『楊』相同或相近。

一九六七年十一月二日草

一九六八年十二月廿八日重改并抄

競卣考釋

隹白屖父㠯成𠂤即東命，伐南尸。正月既生霸辛丑，才鄀，白屖父皇競各于官。競蔑曆，賞競章。對㒸白休，用乍父乙寶隣彝。子孫永寶。

吴闓生云：『皇有嘉美之義，與貺字同。』（吉金文録）郭沫若云：『皇字在此當是動詞。以文義及聲音推之，當即假爲衡，謂提舉也。』（兩周金文辭大系考釋）楊樹達謂是『乎』之假字。楊氏云：『按吴讀不成文理，説亦不可通，其誤不待言矣。余謂皇字如字讀之，文自難通。以聲求之，蓋乎之假字也。呼召之字，金文皆作乎。』『古音皇在唐部，乎在模部，二部爲對轉，故得相通。』『白辟父皇競各于宮，謂白辟父乎競至于官署也。』

按三家之説都不對，吴氏句讀和以『皇』爲『貺』固屬不當，郭楊二氏從聲音求『皇』字的字義，也不免於猜想。楊郭二氏同樣用聲音以求字義，一説假爲『衡』，一説假爲『乎』，相去竟若此之遠，就聲音以求字義之不可信據，可以想見。

我以爲『皇』字當如字讀，義爲美。詩執競『不顯成康，上帝是皇。』傳云『皇，美也。』詩楚茨和信南山『祀事孔明，先祖是皇。』斯干『朱芾斯皇』、文王『思皇多士』、臣工『於皇來牟』、般『於皇時周』，鄭玄都訓美。『上帝是皇』『先祖是皇』，『皇』也是動詞，和此銘一樣。『白屖父皇競各于官』是說白屖父嘉美競到官。從銘辭看，蓋此時白屖父伐南夷，在鄀，周王又派競前往，白屖父表示嘉美。用現在話來說，就是歡迎競到職。競器另有競毁云：『隹六月既死霸壬申，白屖父蔑卻史曆，賓金。』競是白屖父屬下的御史，此銘蓋就是記白屖父歡迎他來就任御史之職的。『官』字楊樹達解爲官署，實是錯的。『官』字金文沒有用爲官署的。在此訓官署文義也不可通。『官』義實爲官職官長。頌鼎『王曰令女官嗣成周賈廿家。』楊毁『王若曰：楊，乍嗣工，官嗣量田佃。』無惠鼎『王乎内史曶冊令無惠曰：官嗣〇王退側虎臣。』師虎毁『令女䨓祖考啻官。』師酉毁『冊命師酉嗣乃祖啻官。』『官』義都爲官職官長。

一九六八年二月十四日草

一九六九年一月一日重抄

井人妄鐘考釋

井人妄曰：覭盄文祖皇考，克質氒德，賁屯用魯，永冬于吉。妄不敢弗帥用文且皇考，穆穆秉德。妄憲憲聖趬，疐處宗室。𫔹用乍龢父大𬭚鐘，用追孝侃前文人。前文人其嚴才上，數數彙彙，降余厚多福無疆。妄其萬年子子孫孫永寶用亯。

郭沫若云：『井人妄殆共伯和子。作龢父大𬭚鐘，即爲其考作樂器以亯祀也。』井人妄是伯龢父之子，此鐘是爲亯祀其父而作，甚是。但謂伯龢父即共伯和則不確。此鐘就是妄居父喪時所作。

『賁屯用魯』語意很難解。郭沫若釋『賁屯』爲『渾沌』，不可通。我以爲『賁』義當爲大。詩靈臺『賁鼓維鏞』，傳云：『賁，大鼓也。』正義云：『賁，大也。』説文云：『鼖，大鼓謂之鼖。从鼓賁省聲。鞼或从革賁，不省。』尚書大誥：『敷賁，敷前人受命。』僞孔傳云：『我求濟渡，在布行大道。』也訓『賁』爲大。爾雅釋詁云：『墳，大也。』『墳』就是『賁』。在彝器銘辭裏，往往『屯魯』連用。善鼎『用匄屯魯于萬年。』士父鐘『降余多福無疆，隹康右屯魯。』秦公鐘『㠯受屯魯多釐。』彝器銘辭又每云『屯右』『屯录』『屯叚』和『魯壽』，頌鼎『用追孝漸康𩂣屯右通彔永令。」克鐘「用匃屯叚永令」。𦬁伯㲃「用漸屯彔永命魯壽。」疑「屯魯」即「屯彔」「屯右」「屯叚」和「魯壽」之省文。尚書多方「惟天不畀純」，疑「純」也是「純祐」「純祿」或「純嘏」之省文。僞孔傳謂「天不與桀亦已大」，顯然是曲解。「貴屯用魯」疑意也是屯右魯壽，只是「屯」「魯」二字分開。

「永冬于吉」，蓋是説伯龢父之死。銅器銘辭每云：「永令霝終。」小克鼎「用匃康勵屯右釁壽，永令霝冬。」微䜌鼎「用易康勵魯休屯右釁壽永令霝冬。」「永令霝冬」即長命令終。「永冬」即「永令霝冬」之省。「永冬于吉」是説伯龢父以壽終。

「安不敢弗帥用文且皇考穆穆秉德。」銅器銘辭每云：「帥井」先祖。如師虎㲃「今隹帥井先王。」師望鼎「望帥井皇考」。「井」義爲法，「帥井」即遵法。「帥用」語例與「帥井」相同。「用」義當與「井」相近。「用」義蓋爲因，意爲因循。這是説遵循祖考秉德。

「安憲憲聖趬，疐處宗室」，是説安居父喪。「趬」就是「喪」字，「聖喪」當就是父喪。「憲憲」義不明。爾雅釋訓云：「憲制法則也。」詩板「天之方難，無然憲憲」，傳云「憲憲猶欣欣也」，義都與此不合。郭沫若謂「憲憲猶顯顯。」詩假樂「顯顯令德」，中庸引作「憲憲」。讀「憲憲」爲「顯顯」，文義也不明白，這句話是説安居父喪，處於宗室之中。

「䩵用乍龢父大替鐘」，「䩵」讀爲「肆」。爾雅釋詁云：「肆，故也。」詩抑「肆皇天弗尚』，鄭箋云：『肆，故今也。』尚書無逸『肆中宗之享國七十有五年』，『肆祖甲之享國三十有三年』。『肆』史記都作『故』。這是說，妄居父喪，所以作龢父大薔鐘，以追孝侃前文人。

一九六八年四月十三日草

一九六九年一月八日重抄

叔尸鐘考釋

隹王五月，辰才戊寅，師于㬈滔，公曰：『女尸，余經乃先具（祖）。余既敷乃心，女小心愄忌。女不彖，夙夜宦埶而政事。余弘猒乃心。余命女政于朕三軍，肅成朕師旟之政德，諫罰朕庶民左右毋諱。』尸不敢弗憼戒，虔卹乓死事。勠龢三軍徒旃雩乓行師，昚中乓罰。公曰：『尸，女敬共辝命，女雁鬲公家，女琛勞朕行師，女肈勄于戎攻。余易女釐都𡖄𠛱，其縣三百。余命女𤔲辝釐造或徒三千爲女敵寮。』尸敢用拜韻首，弗敢不業（對）𢽾朕辟皇君之易休命。公曰：『尸，女康能乃九事罧乃敵寮。余用𢀶屯厚乃命。女尸毋曰：余少（小）子。女尃余于𧦝卹，虔卹不易，左右余一人。余命女裁差（左）正卿，䡞命于外内之事，中尃𥁞刑。女台尃戒公家，雁卹余于𥁞卹，女台卹余朕身。余易女馬車戎兵釐僕三百又五十家。女台戒戎攸。』尸用或𠪚拜韻首，雁受君公之易光。余弗敢灋乃命。尸箕其先舊及其高祖，虩虩成唐，又敢才帝所，尃受天命，𠛚伐頣司，敱氒靈師，伊少（小）臣隹補，咸有九州，處禹之堵，不顯穆公之孫，其配襄公之妣，而成㽙公之女，雩生弔（叔）尸，是辟于齊侯之所。是少（小）心龏遵，靈力若虎，堇袭其政事，又共于篕武靈公之所。篕武霝公易尸吉金鈇鎬玄鏐錛鋁。尸用饮鑄其寶鐘，用亯于其皇祖皇妃皇母皇考，用旂釁壽，霝命難老。不顯皇祖，其乍福元孫，其萬福屯魯，龢獸而九事，卑若鐘鼓。外內剴屖，㦰㦰譽譽。遷而倗剌，母或永頪。女考壽萬季，永保其身，卑百斯男，而𢽽斯字。肅肅義政，齊侯左右，毋疾毋已，至于枼曰武靈成。子孫永保用亯。

此鐘宋政和五年青州臨淄出土。自宋以來有不少人考釋，終不能完全通讀，有的字還不認識，有的地方還不了解，有的地方説者意見還不一致。這裏，我説一説我自己的一些意見。

『公曰：「女尸，余經乃先祖。」』孫詒讓、郭沫若都訓『經』爲法。審度文義，訓『經』爲法，似難通。此處『先祖』乃是叔尸的先祖。叔尸是齊靈公之臣，齊靈公必不能説法叔尸的先祖，按師克盨『克，余隹巠乃先祖考㪤臣先王。』大克鼎『天子明悊，顯孝于申，巠念氒聖保祖師華父。』語例與此一樣。『經』字義必與『隹巠』『巠念』相同。『余經乃先祖』，當是説我念你的先祖。

『余既敷乃心，女小心愄忌。』尚書君奭『公曰：前人敷乃心，乃悉命汝，作汝民極。』語例一樣。僞孔傳訓「敷」爲布，云：「前人文武布其乃心，爲法度，乃悉以命汝矣，爲汝民立中正矣。」從文義看，此處「敷」義當爲明，「悉」義當爲知。這句話應該讀：「公曰：前人敷乃心，乃悉，命汝作汝民極。」這是說，前人明瞭知道你的心，命你爲汝民之極。「余既敷乃心」，「敷」義也當爲明。這是説，我明瞭你的心，你是小心畏忌。

「余弘猒乃心。」孫詒讓云：「弘，深也；猒，合也。周語：克厭天心。韋注：厭合也。言余深合其心也。」按訓「猒」爲合不妥。如若孫説，把這句話譯成現在的話：「我深合你的心」，這就决不是齊靈公對其臣下的口吻了。毛公鼎「父厝，不顯文武，皇天弘猒氒德。」語例和此一樣。尚書洛誥「萬年猒於乃德。」「猒乃心」「猒乃德」語例更是完全相同。馬融云：「猒，飫也。」孔穎達正義云：「天下萬年厭飽於汝王之德」，説文云：「猒，飽也。」我以爲「猒」當讀爲孟子「不奪不饜」之「饜」，以現在的話來説，就是滿足、滿意。國語周語云：「狄封豕豺狼也，不可厭也。」韋昭云：「厭，足也。」「余弘猒乃心」是説我很滿意你的心。國語周語「克厭天心」的「厭」義也爲滿意。這是説能令天滿意。韋昭訓「克厭天心」之「厭」爲合，不甚切當。孫氏則更誤解了韋注的意思。

「虔卹氒死事。」孫詒讓云：「卹，慎也。周頌維天之命篇「假以溢我」，毛傳「溢，慎也」，左襄十七年傳引作「何以恤我。」恤卹字通，言敬慎乃所主之事也。」郭沫若從孫説。按孫説實是錯誤的。「卹」「恤」自來都訓憂，説文云：「卹，憂也。」爾雅釋詁云：「恤，憂也。」「卹」

『恤』即是一字，『恤』乃『卹』之變。說文誤分爲二字。爾雅釋詁云：『毖、神、溢，慎也。』詩維天之命　正義引舍人曰：『溢，行之慎也。』這顯然是釋維天之命『溢』字的。可知詩原就作『溢』，而非作『恤』。左傳作『恤』，當是誤引或傳寫之誤。『卹』義爲憂。爾雅釋詁云：『憂，思也。』『卹』是思慮用心之意。『虔卹氒死事』是說用心於所主管的事。

『𢿥龢三軍徒旃雩氒行師。』『𢿥』王俅、薛尚功釋『戮』，王楚釋『穆』，孫星衍釋『𢿥』讀爲『穆』。孫詒讓謂是『勠』之異文。說文『勠，并力也』，與龢義相近，故此以𢿥龢連文。郭沫若以爲『戮』字而沒有解釋。楊樹達謂『戮與睦同。』此字讀『穆』和『睦』都是對的。我以爲當就是『繆』字。古『繆』與『穆』通用。如秦穆公亦作繆公。『穆』有和義，如許子鐘『穆穆龢鐘。』說文：『睦，敬和也』，義與『穆』相同。說文『稑』字重文『穋』。詩七月和閟宮『黍稷重穋。』釋文并謂『本又作稑。』是『穋』和『稑』乃是後世換聲旁的。『穋』可以作『稑』，知『𢿥』也可以作『睦』。

『公曰：尸，女敬𠬞辝命。』『𠬞』學者釋『共』，但都沒有解釋。下文『又共于箮武靈公之所』，孫詒讓謂『共職於齊侯之所』，郭沫若讀『有共』，楊樹達謂爲『有功』，但都未加說明。我以爲『共』義當爲執。詩韓奕『夙夜匪解，虔共爾位』，語例與此一樣。傳云：『共，執也。』詩抑：『罔敷求先王，克共明刑。』傳云：『共，執也。』我以爲『共』蓋就是『拱』字的初字。說文有『共』『供』『龔』『恭』『龏』『拱』幾個字。說文云：『共，同也，从廿廾』，『供，設也，从人共聲。一曰供給。』『龔，給也，从共龍聲。』『龏，慤也。从廾龍聲。』『恭，肅也。从心共聲。』『拱，斂手也，从手共聲。』這幾個字在典籍里往往假用『共』字。隱公十一年左傳『寡人惟是一二父兄不能共億。』杜預云：『共，給也。』僖公十二年左傳：『黄人恃諸侯之睦於齊，不共楚職。』僖公三十年左傳『行李之往來，共其乏困。』『共』義都爲供。漢書食貨志『古者稅民不過什一，求其易共。』郊祀志『稷者百穀之主，所以奉宗廟，共粢盛。』薛宣傳『遷爲少府，共張職辦，』師古并云：『共讀曰供。』隱公十一年左傳『君謂許不共，故從君討之。』閔公二年左傳『告之以臨民，教之以軍旅，不共是懼。』僖公二十七年左傳『民未知禮，未生其共。』昭公六年左傳『三命兹益共。』昭公九年左傳『翼戴天子，而加之以共。』『共』都當讀恭。漢書張釋之傳『吾所以共承宗廟之意也。』景十三王傳『彭祖爲人巧佞，卑諂足共。』師丹傳『進退違言，反覆足共。』師古并云：『共讀曰恭。』漢書劉賈傳『與太尉盧綰西南擊臨江王共敖。』匈奴列傳『匈奴數萬騎入代郡，殺太守共及。』師古并云：『共讀曰龔。』論語爲政篇『爲政以德譬如北辰，居其所而衆星共之。』漢書郊祀志『時大將軍霍光輔政，上共已正南面。』『共』當讀爲『拱』。昭公十一年左傳『君謂許不共』、閔公十二年左傳『不共是懼』，釋文并云：『共音恭，本亦作供』，是『供』又和『恭』通。由於『共』用爲『供』『龔』『恭』『拱』等字，這幾個字的演變源委，後世人就難以分辨。按金文有『龏』『』『』三個字。恭敬之『恭』都作『龏』。邾公華鐘『余畢龏畏忌。』秦公殷『嚴龏夤天命』。和尚書無逸『嚴恭寅畏，天命自度」，語例一樣。「供」作「𢦏」（共）如楚酓肯鼎和楚酓忎鼎「㠯共戝棠。」由此我們知道「恭」和「龏」應是一字。「恭」乃是「龏」字的後起字。「共」「供」「龔」字義相同，應是一字。三字系一字之變。「𠬞」應是「拱」字的初字。爾雅釋詁云：「秉、拱，執也。」善鼎「唬前文人，秉德𠬞屯。」「𠬞」與「秉」爲對文，足證「𠬞」義當爲執。這當是象兩手執持之形。「𠬞」和「𢦏」形相近，後世隸變，便成爲一個字。「辝」字孫詒讓謂是「籀文辤，此當爲辭之藉字。言敬共内外出内之辭命。」郭沫若以爲「予」。按此字在銅器銘辭中都用爲冠詞，和「氒」「其」用法相同。如此銘下文「余命女嗣郘釐。」黏鎛「業萬至于辝孫子，勿或俞改。」邾公牼鐘「鑄辝龢鐘二堵。」邾公牼鐘和邾公華鐘「用鑄氒龢鐘」，邾太宰鐘「自乍其御鐘」語例更完全一樣。我以爲此字當讀爲「厥」，此字从台从㢲，「㢲」就是「屰」。「厥」也从「屰」。這兩個字是同一個字根，是一個字的演變。「敬共辝命」是説敬執厥命。

「女雁鬲公家。」孫星衍謂「鬲」讀爲「歷」。尚書盤庚「優賢揚歷」，「歷，試也。」孫詒讓從之。郭沫若也讀爲「歷」，義爲傅。爾雅釋詁云：「歷，傅也。」「雁鬲謂擔戴輔弼。」楊樹達訓相。爾雅釋詁云：「艾、歷，相也。」訓「鬲」爲試，文義難通。爾雅釋詁「歷，傅也」，郭注云：「傅近。」「傅」即附近，義不是輔弼。爾雅釋詁「艾、歷、覛、胥，相也。」郭注云：「覛謂相視也。」公羊传曰：「胥盟者何？相盟也。」艾、歷未詳。「歷」與「覛」「胥」同訓，義當爲互相之相，而不是傅相。郭楊之説都不免曲解。我疑心「鬲」當讀爲「徹」。説文云：「徹古文徹。』金文有『敵』字，疑『敵』『徹』都由『鬲』演變的。詩崧高『王命召伯，徹申伯土田』，傳云：『徹，治也。』箋云：『治者正其井牧，定其賦稅。』又：『徹申伯土疆。』箋云：『王使召伯公治申伯土界之所至。』詩江漢『王命召虎，式辟四方，徹我疆土。』箋云：『命召公使以王法征伐開辟四方，治我疆界於天下。』『女雁鬲公家』與毛公鼎『命女𤔲我邦』、克鼎『保𤔲周邦』、宗婦毀『保𤔲鄭國』，語例相近。這當是説，命尸治公家之事。

『女巠𧝝朕行師。』『𧝝』孫星衍、孫詒讓釋『奕』。郭沫若釋『𧝝』。郭氏云：『巠讀爲攻治之攻，𧝝、褮省，讀爲經營之營。大雅靈臺：經始靈臺，經之營之，庶民攻之，不日成之，即此巠𧝝之意。』又下文，『堇𧝝其政事』，郭氏謂亦是『勤營』。『𧝝』爲『褮』之省，是也。但讀爲經營之『營』，恐不確。『攻營朕行師』『勤營其政事』，古書不見有這樣的語句。我以爲『𧝝』當讀爲『勞』。𦅫鎛：『𩍲叔又成𧝝于齊邦，侯氏易之邑二百又九十又九，』𧝝義顯爲勞。『勤勞』是常語，『勤勞其政事』，語甚明白。『巠』我疑心當讀爲『鞏』。爾雅釋詁云：『劼、鞏、虔，固也。』疑『鞏』與『劼』『虔』同義。『劼』義爲固，又爲慎。説文云：『劼，慎也。』『虔』義爲固，又爲敬。疑『鞏』也有慎敬之義。『巠𧝝』疑意謂慎勞或敬勞。

『𨭟戜徒三千爲女敵寮。』『𨭟』薛尚功釋造。郭沫若也説是『造』字的異文。按釋『造』不僅字形不合，文義也不可通。此字實不能識，不必强爲解釋。『戜』字舊釋『國』，我以爲是『鐵』字。這個字實即甲文『𢦏』字。『𢦏』字從甲文到金文，有兩種演變：一由『𢦏』變爲

「□」，再變而爲金文之「□」，即「戠」字。一由甲文「□」變爲金文之「□」「□」及「□」。「鐵」字即由「戜」演變的。在這裏，「戜」當讀爲「職」。班毁云：「王令毛公㠯邦冢君土（徒）馭□人伐東或㾓戎。」「□」顯就是甲文「□」字，「□人」顯就是職人。「戜徒」當也就是職徒。「敵寮」郭沫若云：「敵寮嫡僚，言夷直系之徒屬，」「敵寮」就是僚屬，無所謂嫡系。金文「女」（汝）都用爲第二人稱代名詞。第二人稱所有格都用「乃」。如令彝「□右于乃寮。」這裏「女」用爲第二人稱所有格。此銘又以「而」字爲第二人稱所有格，如上文「宦執而政事」，下文「緐□而九事。」在春秋中葉以後，用字和以前已有所不同了。

「尸，女康能乃九事罸乃敵寮。」「能」，和也。「九」字孫星衍、孫詒讓都釋「九」，郭沫若釋「又」。按下文「釐僕三百又五十家」、「又共于箟武靈公之所」，「又」字寫法都與此不同，下文「或有九州」，「九」字形與此一樣。釋「九」是正確的。「九事」和「敵寮」對言，自是叔尸之下的屬官。但是哪九事，不得而知。孫詒讓謂即周禮太宰之九式，不確。

「余用□屯厚乃命。」孫詒讓讀「余用□屯厚」斷句，是錯誤的。「□」即説文「登」字的籀文「□」字。説文云：「□，上車也，从癶豆，象登車形。□，籀文登从癶。」爾雅釋詁云：「登，陞也。」此字應是从□登聲，□是表示登車之意，登則是表聲的，是個形聲字，不如説文所説「象登車形。」「屯厚」意即爲厚。這句話的意思是説，將擢陞叔尸的官位。意與下文「余命女裁差正卿」相接。

『女專余于囍卹。』孫詒讓謂『専讀爲俌，輔也。』郭沫若從之。按下文『伊小臣爲㭿』，『㭿』即是『俌』字，不能彼作『㭿』，此又作『専』，考『専』『敷』『傅』『溥』是一字之變，此當讀爲『傅』。說文云：『傅，相也。』這當是說汝當相我於艱憂。

『余命女⿺𢦏糸差（左）正卿，⿰北凡命于外内之事。』『⿺𢦏糸』孫詒讓釋『織』，假爲『職』。『』釋爲『差次』之『差』。郭沫若『⿺𢦏糸』字從孫釋，『』字釋『左』。按金文『織』字作『』和『』，是由甲文『』字演變的，此字作『』，从𢦏从糸，和『戠』字字形不同，所从之偏旁不同，決不是一個字。『⿺𢦏糸』字从糸从𢦏，當是『𢦏』字加『糸』而成的，當讀𢦏聲。這和『⿺𢦏食』字相同，疑當讀爲『載』，是語詞。這是說任命叔尸佐正卿，『正卿』下鐘有『爲太史』三字，郭沫若謂爲大史之官，甚是。這當是任命叔尸爲太史之官。叔尸是齊國的太史，此鐘就是他受任爲太史時作的。『⿰北凡』字金文銘辭常見，不認識，郭沫若初釋『耤』，後又釋『攝』，都是猜測。我疑是『勴』字。說文云：『勴，助也。从力从非、慮聲。』這裏值得注意的是這個字的字形。如說文所說『勴』字的字形說不出它的意義，也不符合中國文字構造的法則。我疑心『勴』乃是『⿰北凡』字的譌變。這就是保留了『⿰北凡』字所从作之『北』譌變爲『非』，『凡』譌變爲『力』，又加『慮』以表聲。爾雅釋詁云：『詔、相、導、左、右、助，勴也。』郭注云：『勴謂贊勉。』據此，『勴』義蓋謂佐助贊助。『⿰北凡』在此訓佐助，贊助，文義也很恰當。齊靈公命叔尸爲太史佐正卿，『⿰北凡命于外内之事』，顯是說佐助正卿治内外之事。

『雁卹余于盥卹。』孫詒讓云：『言儆戒於勤慎也。』郭沫若謂『上卹字當訓爲安爲靜。尚書堯典「惟刑之恤哉」，史記五帝紀「恤」作「静」。集解引徐廣謂今文作「謐」。』我以爲這兩個『卹』字都應如字讀，義爲憂。『盥』當讀爲『明』，師望鼎『不顯皇考寛公穆穆，克盟氒心，哲氒德。』『盟』顯爲『明』。邾公華鐘『鑄其龢鐘台卹其祭祀盟祀』，邾公釛鐘『乍禾鐘用敬卹盟祀』，『盟』也當爲『明』，『明』有顯和大義。禮記大學篇『大學之道，在明明德。』鄭玄注云：『明明德謂顯明其至德也。』至德即是顯德、大德。『盥卹』意蓋謂大憂。『雁卹余于盥卹』，是説我有大憂患，你應當憂我。尚書堯典『惟刑之恤哉。』集解云：『徐廣曰：今文云惟刑之謐哉。』索隱云：『案古文作恤哉。且今文是伏生口誦，卹謐聲近，遂作謐也。』此所謂古文，乃是梅賾本。此字本作『謐』，傳寫誤作『恤』，不能據此便謂『卹』義與『謐』相同。且以『卹』爲『謐』，文義也不可通。

『㓹伐頣司。』『㓹』，薛尚功、孫詒讓釋『刻』。孫詒讓云：『刻伐即克伐。史記仲尼弟子列傳顏刻，論語子罕包注作剋，剋即克之俗。』此字字形與『刻』字迥不相同，不知薛氏何以釋『刻』。按玉篇有『𠟤』字，云是『古文刻』。説文有『𠟭』字，云是『古文則』。段玉裁謂『𠟭』是『𠟤』的譌變，而誤係於『則』字之下的。薛氏釋『㓹』爲『刻』，或者就因爲以『㓹』即『𠟤』及『𠟭』字。『刻伐頣司』或『克伐頣司』，語句總覺得不甚安妥。我以爲此字蓋爲『襄』和『攘』字的初文。『𠟤』字从『𠕋』，這顯就是甲文和金文之『□』，叀鼎『王令趞𢦏東反尸。

「叀肈從，趡征，攻䍐無啻。」「䍐」舊釋「戰」或釋「踰」。釋「戰」字形不合，釋「踰」文義不當。這當讀爲「襄」「攘」，「攻䍐無敵」即「攻攘無敵」，「劆伐頣司」即「攘伐夏司」。

「外内剴屖，𢧵𢧵譽譽。」「僔」，宋以來學者都釋「辟」。孫詒讓云：「剴讀爲闓，開也。辟與闢通。外内闓辟，言外内開通，事無所壅也。」「𢧵」「譽」宋以來學者都釋「都」「譽」。孫詒讓云：「都都譽譽并盛善之意。」郭沫若謂「𢧵」是「屠」字，讀爲「都」。按「僔」實不是「辟」字，這乃是「屖」字。「屖」是「弟」字的本字。這我另有說，這裏不談了。「剴屖」即「豈弟」。「𢧵」字从之「先」和秦公鐘「銑」字所从之「先」相同。此字實不是从「者」，而是从「先」从「戈」，與「銑」即是一字。秦公鐘云：「其音銑銑雝雝孔煌。」「銑銑」象聲音之和。「𢧵𢧵」義也當爲和。「譽」我以爲即是「與」字。論語鄉黨篇「君在，踧踖如也，與與如也。」「與與」有和悅恭敬之意。「外内剴屖，𢧵𢧵譽譽」，蓋是說内外樂易和睦，與上面「龢戠而九事，卑若鐘鼓」文義相承接。

「至于枼曰武靈成。」孫詒讓云：「枼楄也。此當爲葉之省。至於葉者，葉，世也。言至於後世也。」「曰即欥之段字，武當讀爲下武維周之武。武，繼也。靈亦當訓爲善。言叔尸後世子孫能繼續而善成其事也。」郭沫若云：「枼即葉之初字，葉，世也。成讀爲誠。言至於後世使人讚嘆曰：桓武靈公誠然靈武也。」按孫郭說都非是。「枼」即是「世」字。字又作「枻」（獻彝）「葉」「世」同義就由於是一個字。「曰」猶稱也。武、靈、成都是美稱，不是死後的謚號。這是說齊侯至於後世，世代稱爲武、靈、成。

一九六八年四月十日草

一九六九年一月十四日重抄

王孫遺者鐘考釋

隹正月初吉丁亥，王孫遺者畀其吉金自乍龢鐘。中輪䖒觴，元鳴孔皇。用亯孝于我皇且
考，用漸釁壽。余圅龏㝬屖，𢾅嬰趩趩，肅哲聖武，惠于政德，惄于威義，誨猷不飤。
闌闌龢鐘，用匽台喜，用樂嘉賓父𠑹及我朋友。余恁辝心，延永余德。龢沴民人。余尃
昀于國。皝皝趣趣，萬年無諆。枼萬孫子永保鼓之。

『余圅龏㝬屖』。郭沫若云：『㝬屖』『音讀當如舒遲，意亦趁也。』楊樹達釋『㝬』爲『舍』，假爲『余』，釋『屖』爲『辟』。『圅龏㝬辟』『言恭敬我君也。』按二人之説皆非是。『屖』郭釋是正確的。『辟』字金文作『』，而『屖』字則作『』或『』，二字字形不同。宋以來學者釋『屖』爲『辟』，是没有審辨二字的字形。但郭氏謂『㝬屖』當讀如『舒遲』也是臆説。『屖』實是兄弟之『弟』字的本字。般器有麋婦觚云：『……麋婦〇貝〇㺇，用（乍）屖日乙障彝』，『屖日乙』和祖日某、父日某、兄日某語例完全一樣，知『屖』非是『弟』字不

可。『㝬』字説文所無，不識。按『㝬』从夫从害，當讀害聲。『害』有假爲『匄』及『介』者，如伯家父毁：『用易害眉壽黄耇。』㕣叔多父盤：『用易屯录，受害福。』『匄』『介』與『豈』聲音相近，疑『㝬』蓋假爲『豈』，『㝬屖』當讀爲『豈弟』。叔尸鐘『内外剴屖』，『剴屖』也就是『豈弟』。『龏』上一字不識。郭沫若釋『卣』，即『宏』字，不確。此字與『龏』連文，和秦公毁『嚴龏夤天命』、朱公牼鐘『畢龏威忌』、陳財毁『其龏畏忌』用法略同，義也當相近。『卣龏』當有恭敬之意。

『⿰畏攵⿱其女』，王國維釋爲『畏忌』，甚是。邾公牼鐘：『畢龏威忌』，叔尸鐘：『小心畏忌』，𩇯鎛：『余彌心畏誋』，『畏忌』是金文習見語。不過，『⿱其女』逕釋爲『忌』，似不完全恰當。二字字形不同。我以爲『⿱其女』當是『惎』和『諅』字。小爾雅云：『惎，忌也。』説文云：『諅，忌也。从言其聲。』周書曰：上不諅於凶德。』今尚書多方云：『爾尚不忌於凶德。』『惎』『諅』義與『忌』相同，可以通用。『惎』與『諅』當是『⿱其女』字的演變。『忌』當讀爲『誋』。説文云：『誋，誡也。』意爲誡畏誡慎。昭公二十五年左傳：『爲刑罰威獄，使民畏忌，以類其震曜殺戮。』『使民畏忌』，意顯爲使民畏懼。史記秦始皇本紀『然候氣者至三百人，皆良士，畏忌諱諛，不敢端言其過。』『畏忌』意也顯爲畏懼。尚書顧命『眇眇予末小子，其能而亂四方，以敬忌天威。』『忌』義也當爲畏。『敬忌天威』謂敬畏天威。尚書多方『上不諅於凶德』，蓋謂不誡畏於凶德。『趩』郭沫若謂是『翼』字，楊樹達謂讀爲『䢼』，都是正確的。説文『䢼，趨進䢼如也，」「趩」今論語作「翼」。「趩」「趩」「翼」都是一字之變。爾雅釋詁云：「翼，敬也。」釋訓云：「翼翼，恭也。」詩大明「維此文王，小心翼翼。」「畏嬰趩趩」是謂畏懼小心，和叔尸鐘「小心畏忌」意思一樣。

「惄于威義」。說文云：「惄，饑餓也。一曰憂也。」與此文義不合。「惄」當讀爲「俶」或「淑」。說文云：「俶，善也。」爾雅釋詁云：「淑，善也。」「俶」「淑」訓善，於此文意仍不貼切。我以爲「淑」「俶」「惄」義蓋爲敬，與「肅」同義。詩抑：「敬慎威儀。」又云：「淑慎爾止，不愆於儀。」「淑慎」意顯與「敬慎」相同。大克鼎「惄哲氒德」，此銘云：「肅哲聖武。」可知「惄」「肅」義也相同。「哲」當讀爲「悊」。說文云：「悊，敬也。」「惄哲」「肅哲」意即肅敬。「義」讀爲「儀」。史記司馬相如列傳：「宜命掌故悉奏其義而覽焉。」「義」漢書作「儀」。「義」「儀」一字之變。「惄于威義」意即敬於威儀，也就是詩抑之「敬慎威儀」。

「誨猷不飤」。「誨」郭沫若釋「謀，是也。」說文：「𠰔，古文謀。」中庸「人道敏政，地道敏樹。」鄭注云：「敏或爲謀。」又「梅」字說文云：「或又作楳。」可知从「每」作的字，也可以从「某」。按舀鼎云：「舀廼每于𣋑」云云。我以爲「每」也當讀「謀」。按這是說舀廼謀於𣋑。我以爲「謀」，初是假「每」爲之。由「每」演變爲「誨」，爲「𠰔」和「敏」。「𠰔」从母，當是「每」之誤。因爲「每」「某」聲音相同，後世又以「某」代「每」爲聲旁。「誨」義爲教，「敏」義爲疾，當是別一例。

『余恁辝心』。『恁』郭沫若謂『柔也』，『辝』即以字，用爲『台』，我也。按郭説不確。訓『恁』爲柔，文義也難通。『恁』義爲思、念，廣雅釋詁云：『恁，思也。』玉篇云：『恁，念也。』後漢書班固傳『若然受之宜，亦勤恁旅力，以充厥道。』李賢注云：『説文：恁，念也。』『辝』仍是『氒』字。齊𨺅氏鐘『用亯吕考于辝皇且文考。』這和邾公孜人𣪘『用亯孝于氒皇且于氒皇考』語例一樣。『辝』必就是『氒』。『辝』乃是『氒』字的别構。字又或作『辝』。徐王義楚鍴『永保辝身』，『辝』用法顯與『氒』相同。『余恁辝心』是説他自念其心。

『徏永余德』。楊樹達云：『説文徏爲徙之或體。徏〇余德，蓋遷善改過之意。』此説甚謬。『徏』當爲『誕』。詩 書『誕』多爲語詞。用於動詞及形容詞之上，義與『其』略同。如尚書酒誥『誕惟厥縱淫泆於非彝。』洛誥『誕保文武受民。』詩 生民『誕彌厥月』『誕置之隘巷』『誕置之平林』『誕降嘉種』，『誕』解爲『其』，無不可通。康侯𣪘：『徏命康侯啚於衛。』保卣『徏兄六品。』『徏』也是語詞，訓『其』也文義暢順。『徏』下一字，郭沫若釋『永』，楊樹達以爲不識。由字形看，當是『永』字。『永』，長也。『余恁氒心，徏永余德』，是説思念其心，久長其德。

『余尃昀于國』。『昀』郭沫若謂『偏也』，『尃昀于國』謂『普及于國』。楊樹達釋『昀』爲『楊』。容庚金文編以爲『旬』字。這實是『旬』字。在此當讀爲『詢』。爾雅釋詁云：『詢，謀也。』『尃』讀爲『溥』。『尃昀于國』，謂偏詢於國，猶『詢于芻堯』。

一九六七年十二月二六日草
一九六九年十月二日重抄

史頌𣪘考釋

隹三年五月丁巳，王才宗周，令史頌𢔶穌，灋友里君、百生。帥䞒盩于成周，休又成事。穌賓章、馬四匹，吉金。用乍𩰫彝。頌其萬年無疆，日遅天子覭令。子子孫孫永寶用。

『𢔶』字郭沫若釋『覿』。説文没有『覿』字，新附才有，疑『覿』乃後起字，且字形也不合。郭説難信。按此字从㣇从又。或又作『𢕄』，从『㣇』从『言』。我疑這原是『㣇』字，『㣇』即是『循』字。也是『巡』字。『循』『巡』古通用。『令史頌𢔶穌』，是説王令史頌巡視穌國。穌當即是蘇忿生之蘇。

『䞒』字楊樹達謂是『隅』之或體，在此讀爲『偶』，意爲曹偶。可通。『盩』舊釋『盩』，至也。楊樹達謂假爲『朝』。我以爲此字當讀爲『達』。另有史頌鼎，與此是一人之器，銘辭也與此一樣，當是同時所作。『盩』字作『𢾊』，二字顯就是一字。説文云：『盩，引擊也。』玉篇云：『𢾊，古撻字，或作達。』『盩』『𢾊』『撻』『達』義相同，可知當是一字之變。『盩』『𢾊』『達』義爲擊，乃别是一義。『盩于成周』，即達於成周。

『休又成事』。按師害𣪕『麋生曶父伇中曶吕召其辟，休又成事。』此云『休又成事』，彼云『休氒成事』，語例語意完全相同。『又』義當與『氒』一樣。愙齊集古録著録王作姒鼎云：『王作又𩰫彝。』綴遺齋彝器考釋著録有亞母辛鬲，云：『用乍又母辛僔彝。』『又』字的用法與此一樣，義也必相同。楊樹達謂『又』當爲『氒』字，『古代文字不統一，多誤書。』按楊氏之説實未深考。『又』當讀爲『有』，在這裏是作冠詞用。這種用法在古代文獻裏是習見的。例如：

尚書召誥：『王先服殷。我不可不監於有夏，亦不可不監於有殷。』

詩周頌時邁：『昊天其子之，實右序有周。』

尚書皋陶謨：『亮采有邦』『夙夜浚明有家』『予欲左右有民』。

尚書盤庚：『盤庚遷殷，民不適有居。』『乃正厥位，綏爰有衆。』

尚書多方：『猷告爾有方多士。』

尚書酒誥：『文王誥教有正有事無彝酒。』

昭公二十九年左傳：『孔甲擾於有帝。』

其見於銅器銘辭者，如：

井侯𣪕：『克奔走上下帝，無冬令于有周。』

毛公鼎：『𩏩皇天弘猒氒德，配我有周。』

𠪚叔多父盤：『朋友兄弟者子婚冓無不喜曰：𠩄又父母，多父其孝子。』

詛楚文：『又秦嗣王。』

王引之經傳釋詞謂『有』爲語助詞，『一字不成詞，則加有以配之。』這也是不明『有』是冠詞。楊樹達謂『古代文字不統一』，更不免於誣。

一九六八年二月十六日草

一九六九年十月四日重抄

⿱束大卣考釋

隹十又二月，王初饔旁，唯還，才周，辰才庚申，王飲西宮，登咸釐，尹易臣雀。⿱束大⿰易凡

尹休高，對乍父丙寶障彝。尹其亙萬年受氒永魯，亡競在服。〇長〇子子孫孫寶用。

『[illegible]』，楊樹達釋『雀』，假爲『爵』，是也。但又謂錫雀是錫予飲器之爵。引詩邶風簡兮『公言錫爵』、莊公二十一年左傳『虢公請器，王予之爵』、史獸鼎『錫方鼎一爵一』爲證。這便不正確了。這實是賜飲酒。上文言王飲於西宮，咸釐，乃是說賜群臣飲。因而尹賜⿱束大飲。詩邶風簡兮『公言錫爵』，也是賜飲。這詩是說碩人舞得好，公慰勞他，賜他飲酒。楊氏以爲是酒器，以之與虢公請器并提，實是誤解詩意。

『亡競在服。』楊樹達云：『競當讀爲彊，競與彊古音同也。尚書文侯之命曰：「即我御事，

罔或耆壽，俊在厥服。」「亡彊在服」猶言「俊在厥服」矣。尚書大誥曰：「洪惟我幼冲人，嗣無彊大歷服」，與此文語意略同也。」按楊説甚謬。詩抑「無競維人」，執競「執競武王，無競維烈」，武「於皇武王，無競維烈。」「亡競」自就是詩中的「無競」。爾雅釋言云：「競，彊也。」詩執競鄭箋云：「競，彊也。」這些都是眼前習見的，楊氏舍此而不用，而謂「競」與「彊」古音同，殊屬可怪。「無競」鄭玄都訓「競」爲彊。詩抑執競傳并云：「無競，競也。」二者不同，不論訓「無競」爲「競」或訓「競」爲彊，詩意都不明曉。按班毀云：「文王孫亡弗褱井，亡克競氒剌。」「亡克競氒剌」與「無競維烈」語意一樣，「亡」「競」二字之間加一「克」字。訓「競」爲彊，更不可通。我以爲「競」義就是競争，意爲比。「無競」是説無比。「亡克競」是説無能比。「無競維烈」是説功業無比。「無競維人」是説無比重要的是人。周王㝬鐘「朕猷又成亡競」，是説他的謀略成功，無可與此。詩蕩「曾是在位，曾是在服。」此銘之「在服」自也就是詩之「在服」。詩傳云：「服，服政事也。」鄭箋云：「女曾任用是惡人，使之處位執職事也。」爾雅釋詁云：「服，事也。」「亡競在服」，意蓋是説任官無與倫比。⿱束夊是尹臣，「尹其亙萬年受氒永魯，亡競在服」，是⿱束夊爲尹祝嘏之辭。

一九六八年四月六日草

一九六九年一月五日重抄

小臣謎毀考釋

䖒東尸大反，白懋父㠯殷八𠂤征東尸。唯十又一月，𨑓自䍙𠂤，述東陕，伐海首。雩氒復歸，才牧𠂤。白懋父承王令易𠂤，遳征自五齵貝。小臣謎蔑曆，眔易貝。用乍寶䵼。

『𨑓』，楊樹達謂是人名。『述』，容庚金文編釋『遂』。楊樹達謂假爲『遂』。楊氏讀『𨑓自䍙述東』爲句，『陕伐海眉』爲句。按楊説是錯誤的。『𨑓自䍙述東』不成文句，以『𨑓』爲人名，全辭文義也不可通。我以爲『𨑓』就是『遣』字，『述』如字讀，不是假爲『遂』。『陕』應屬上讀，『東陕』是地名。此應『𨑓自䍙𠂤，述東陕』爲句。説文云：『述，循也。』『眉』我以爲是『首』字而不是『眉』字，金文𩒨首之首字都如此作。『𨑓自䍙𠂤，述東陕，伐海首』。是説遣兵自䍙𠂤循東陕以伐海首。

『白懋父承王令易𠂤，遳征自五齵貝。』『易𠂤』郭沫若謂是『瓜代』，『五齵貝』是所征伐的國名。我國古代没有三個字的國名，這樣解釋也不成文理。楊樹達以『𠂤遳』連讀，『遳』讀爲『衛』。説文云『衛，師衛也』，『𠂤遳』即『師旅之將帥。』『征自五齵貝』，『征貝當相繫』，『征貝即征行之貝』。『征自五齵貝，謂由五齵地方征行貝。』楊氏之説也不成文理。

這句話確有些難解。『易𠂤』意思當爲賞賜軍隊。從文法上分析，易𠂤貝三字應是相聯系的。

『易』是動詞，『𠂤』是間接受詞，『貝』是直接受詞，『遣征自五齵』應是個形容詞子句。這個形容詞子句不是形容𠂤，就是形容貝的。從文義上看，必是形容𠂤的。『遣征』意爲從征。說文云『遣，先道也』，也就是率領。『遣征』是說被率領去從征的。『易𠂤遣征自五齵貝』，是說賞賜自五齵出征的軍隊以貝。這樣解釋，我以爲文法無忤，文義可通。

『小臣謎蔑曆，眔易貝。』學者無釋。『眔』義爲『及』。說文云：『眔，目相及也。』彝器銘辭『眔』多用爲連接詞，與及相同。這個字實是奴隸之『隸』字的本字。甲文作『』是象奴隸痛苦流泪之形。作爲連接詞乃是假借，說文謂『目相及』乃是爲要解釋从目之故，實際乃是臆說。僖公二十四年左傳『晉侯賞從亡者，介之推不言祿，祿亦弗及。』此銘『眔』義即與此處『及』相同。『眔易貝』是說白懋父賞軍隊貝，也賜及他。臣辰盉『眔賞卣鬯貝』，『眔』義也與此一樣。銘辭不說『易謎貝』，而說『眔易貝』，這蓋是謙遜之詞。因爲謎是小臣，地位比較低，所以用這樣的口氣。

一九六八年二月五日立春日草

一九六九年十月五日重抄

厧叔多父盤考釋

厧叔多父乍朕皇考季氏寶支，用易屯录，受害福。用及孝婦〇氏百子千孫。其吏能多父眉壽考，吏利于辟王、卿事、師尹。朋友兄弟者子婚冓無不喜曰：厦又父母，多父其孝子。乍𢆶寶支，子子孫孫永寶用。

「易」義爲益，不是賞賜。這在釋𣪘叔毀時已說過了。「害」孫詒讓謂讀爲「介」。詩小雅楚茨及信南山「報以介福」。「害福」即「介福」。

「用及孝婦〇氏。」「用」義和「以」相同。司馬相如子虛賦「然在諸侯之位，不敢言游戲之樂，苑囿之大。先生又見客，是以王辭而不能復，何以無用應哉？」「無用應」即「無以應」。孝婦自是多父之妻。這是說多父受大福，以及其妻也百子千孫。

「其吏能多父眉壽考，吏利于辟王、卿事、師尹。」「能」許瀚和楊樹達都謂讀爲「乃」。「乃猶其也。」楊氏以下「吏」字屬上讀，讀爲「事」。「其吏能多父眉壽事」，是說「使皇考季氏之多父眉壽考事。」「能」讀爲「乃」是對的。楊氏之句讀和以上「吏」字爲「事」字則是錯的。他的解釋則更非當。「能」讀爲「乃」，我以爲其義不是其，在此是用爲冠詞，和「卑」相同。詩書多有用「乃」爲冠詞者。如尚書益稷「帝慎乃在位」、尚書康誥「惟乃丕顯考文王』、詩小雅大田『既備乃事』，『乃』用法都與『𠂤』相同。『能多父』猶言『𠂤多父』，沈子𣪘『沈子其顥褱多公能福。』『能』也應讀『乃』，『乃福』猶言『𠂤福』。下『吏』字應屬下句，讀爲使，『吏利于辟王、卿事、帥尹』，這句話是和上文爲對立，文義相連貫的。這是說，使多父壽考，又使利於辟王、卿事、師尹。

一九六八年二月十七日草

一九六九年十月五日重抄

敔𣪘考釋

隹王十月，王才成周，南淮尸遱殳，内伐㴸、昴、參泉、裛、敏陰、陽洛，王令敔追𨞰于上洛、炂谷至于伊𤤽、長榜，蕺首百，執噝卌，褱孚人三百，[illegible]于焚白之所，于炂衣諱，復付氒君。隹王十又一月，王各于成周大廟，武公入。右敔告禽，馘百，噝卌。王蔑敔曆，吏尹氏受[illegible]敔圭禹，〇貝五十朋，易于敋五十田，于早五十田。敔敢對𩕢天子休，用乍尊𣪘。敔其萬年子子孫孫永寶用。

『遱』孫詒讓謂是南淮尸之名。楊樹達謂讀爲『竄』，尚書舜典『竄三苗於三危』，史記五帝本紀作『遷』。『殳』孫詒讓、楊樹達都釋『及』，郭沫若釋『殳』，謂是地名。孫詒讓、郭沫若讀南淮尸遷殳爲句，楊樹達以『内』字屬上讀，謂『内』爲内國，猶今言内地。

這句話確相當難解。楊樹達讀『遷』爲『竄』，不免牽强。尚書『竄』義爲竄逐，與奔竄義不相同。『竄三苗於三危』，説文引文作『𥨍』，總不能説，『遷』當讀『𥨍』。『殳』應從郭説，爲地名。句讀也應以『南淮尸遷殳』爲句較當。這是説南淮夷遷至殳，入侵洭鼎，參泉、裛、敏陰、陽洛等地。

『王令敔追𨞪（迎）于上洛，烣谷至于伊珡、長擠，蕺首百，執嗞卌。』孫詒讓讀『至于伊珡長』爲句，釋『珡』爲『班』，釋『長』爲『馬』，『班馬』即班師；釋『擠』爲『榜』，『蕺』爲『識』，『擠蕺百首』是『斬首榜而識之』。郭沫若讀『至于伊珡』爲句，也釋『珡』爲『班』，義爲班師。郭釋『』爲『長』，『蕺』爲『載』，『擠』從孫釋『榜』，用爲枋，即旗柄。『長榜蕺首百』，是猶逸周書克殷解『縣諸太白』，『縣諸小白』。郭氏之説乃是因襲孫氏而稍加變更而已。

按孫郭之説都不妥。這樣解釋，文義語法都不可通。『珡』是不是『班』字就有問題。謂『班師』是『班馬』，從不聞有這樣的話。『榜識首百』或『長榜載首百』，也從不見有這樣的語句。按『斬首執訊』是古代的成語，『蕺首百，執嗞卌』，與虢季子白盤『折首五百，執嗞五十』，語例正同，這必是『蕺首百，執嗞卌』爲句。則上文必『至于伊珡、長擠』爲句，『伊珡』『長擠』都是地名。這樣句讀語法便没有疵病。這是説王命敔追御南淮夷於上洛，至於伊珡、長擠。

這和不嬰𣪘「余令女御追于𠫑，女𠳵我車宕伐𠭯允于高陵」語例略同。

「蘵首百，執噝丗」和虢季子白盤「折首五百，執噝五十」、不嬰𣪘師寰簋「折首執噝」語例正同，「蘵」字義和「折」必一樣。此字从艸從戠從言，疑係甲文□和□字的孳乳字，也即是「截」字。甲文有「□」和「□」兩個字，這兩個字過去都以爲是一個字，實際上不是一個字，這兩個字在卜辭中用法截然不同。卜辭「□」假爲災禍之災，與「巛」和「𠁿」通用；而「□」則都用於征伐。「□」没有用爲征伐的，「□」也没有假爲災的。這兩個字必不能混同。「□」我以爲是「栽」字的初文。此字从□从□，□是臿，□是鋤，這是表示用鋤臿栽種。演變爲「栽」「哉」「裁」「載」「戴」等字。這些字在古代文獻中往往通用，就是因爲是一字的演變之故。説文云：「𢦏，傷也，」這乃是因爲「𢦏」假爲「災」引申的。因爲「𢦏」假爲「災」，故又演變爲「烖」。「□」字从□從□，或作「□」，从□从□，初義必是表示用鋤斬草木。「𣂔」字作「𣂔」，表示用斤斬草。這兩個字所表示的意思略同，字義必相近。因此我疑心「蘵」就是由「□」孳乳的。

「□」疑也就是「截」字的初文。説文云：「𢧵，斷也。从戈雀聲」。又云：「𣂔，斷也。从斤斷草。」「截」「𣂔」同義。此字文獻都作「截」，从戈从隹，説文謂「从戈雀聲」，蓋是錯誤的。「𣂔首百」，即「截首百」，也就是「折首百」。

𩰫方鼎「隹周公于伐東尸，豐白、尃古，咸𢦏。」「𢦏」過去學者没有解釋。陳夢家謂「咸𢦏』『義爲皆殘滅之』（西周銅器斷代考　考古學報第九期），這只是推測，而不是解釋『𢦏』字。我以爲『𢦏』當讀『截』，即『海外有截』之『截』。『截』字舊時訓釋不一致。詩常武『截彼淮浦，王師之所。』傳云：『截，治也。』箋云：『治淮之旁國有罪者，就王師而斷之。』朱熹集傳云：『截，截然不可犯之貌。』詩長發：『相土烈烈，海外有截。』箋云：『截，整齊也……四海之外率服，截爾整齊。』又：『九有有截』。箋云：『故天下歸鄉湯，九州齊一截然。』朱熹云：『言湯既受命，載旆秉鉞以征不義，桀與三蘖，皆不能遂其惡，而天下截然歸商矣。』詩殷武：『有截其所，湯孫之緒』。箋云：『高宗所伐之處，國邑皆服其罪，自勑整，截然齊一，是乃湯孫太之等功業。』朱熹云：『高宗撻然用武以伐其國。入其險阻，以致其衆，盡平其地，使截然齊一，皆高宗之功也。』他們對『截』有治、整齊、截然不可犯之貌三種訓釋。對於詩的解釋都增字爲解，不明確切當。我以爲『截』義蓋爲平定，『截彼淮浦』，是説平定淮水附近之地。『海外有截』，『有』是語助詞，義與『厥』『其』相同，這是説海外平定了。『九有有截』，下一『有』字是語助詞，這是説九有都平定了。『有截其所』，『有』也是語助詞，這是説平定其地。『周公于伐東尸，豐白、尃古，咸𢦏』，這是説周公征東夷，豐伯和薄姑都平定了。

『王蔑敔曆，吏（使）尹氏受𢿆敔圭鬲，〇貝五十朋。』孫詒讓讀『吏尹氏受』爲句，是説使尹氏接受敔告禽所獻的馘訊。這實是錯誤的。孫氏又説：『𢿆當爲賚，説文貝部，賚，賜也。詩江漢：「釐爾圭瓚、秬鬯一卣，告於文人，錫山土田。」鄭箋：「釐，賜也。」蓋藉釐爲賚。此敳實用正字也。」這也不正確。這應讀『吏尹氏受敳敔圭鬲，○貝五十朋』爲句。『受』當讀爲『授』，甲骨文和金文都是『受』『授』一字。『敳』和『賚』『釐』即是一字，并不是假借。此字甲文作『𢻃』或『𢾊』，也就是『孷』及『𢻫』。金文作『釐』是加『里』以表聲，或又作『敳』，則是加『貝』以表義，這蓋是以有錢爲福。或又作『𢿃』，則是加『子』表義，蓋以有子爲福，『賚』當是『敳』之省。尚書湯誓『予其大賚汝』，史記殷本紀作『理』，『理』也是『釐』字的省變。古代『𢻫』『釐』『賚』『理』『萊』可以通用，就因爲這些字都是一字之變，後世以爲是假借，實是錯的。守宮尊『守宮對揚周師釐』，語例和『對揚王休』一樣，『釐』義當爲福、爲恩，與『休』相同。『敳』也應爲福爲恩。『受敳敔圭鬲』語例和大保毁『易休余土』一樣。『敳』義顯也與『休』相同。

一九六八年四月二日草

一九六九年十月六日重抄

吴王元劍考釋

攻敔王元啓自乍元用。

吉日劍『吉日壬午，乍爲元用。』梁伯戈『梁白乍宫行元用。』『乍元用』是兵器銘辭習用語，過去學者對此很少解釋。郭沫若謂『用』即『器用』，未加說明。彝器銘辭記作器都說『用作寶鼎』，『用作寶毀』『用作寶簋』等。此云『作元用』，『元用』意也必和『寶鼎』『寶毀』等一樣，但銅器銘辭對彝器除逕稱鼎毀簋等以外，都稱器而不稱用。如：

師眉毀『用爲寶器』。

圅皇父毀『乍王周媍般盉障器。』

趙孟介壺『台爲祠器。』

黃韋俞父盤『自乍飤器。』

陳逆簠『台乍氒元酉（配）季姜之祥器。』

陳侯因資鐔『用乍孝武趄公祭器。』

而兵器稱用不稱器。如：

系伯劍『系伯笁王南征，易氒寶用。』

晉陽高新劍『晉昜高新乍用。』

庚寅戈『庚寅用〇金乍缶（寶）用。』

爲什麼彝器稱器，而兵器稱用呢？是用和器必有分別。我國古代器和用是有分別的。生活飲食用具稱之爲器，生產工具和兵器則稱之爲用。說文云：『器，皿也。象器之口，犬所以守之。』又云：『皿，飯食之用器。』據此，器皿是同一類的，是飯食所用的器具。又說文『械』字注云：

『有所盛曰器，無所盛曰械。』器是盛物的，更可知必是飯食用具。昭公十二年左傳『鄭簡公卒，將爲葬，除。及游氏之廟，將毁焉。子太叔使其除徒執用以立，而無庸毁。』杜預云：『用，毁廟具。』孔疏云：『用，謂毁廟之具，若今鍫钁之屬。』國語周語『民用莫不震動，恪恭於農。』韋昭云：『用謂田器也。』國語周語『命農大夫咸械農用』，韋昭云：『農用，田器也。』國語齊語『今夫農群萃而州處，察其四時，權節其用，耒耜耞芟』，韋昭云：『權，平也，平節其器用小大倨句之宜也。』據此，『用』就是農器，即耒耜耞芟鍫钁之屬。又國語齊語『今夫工群萃而州處，審其四時，辨其功苦，權節其用』，用也必是工具。由此知工人用的工具也稱之爲用。是工農所用的生産工具都稱爲用。此劍和吉日劍、梁伯戈『元用』之『用』，我以爲義必是兵器。定公九年左傳『夏，陽虎歸寶玉大弓。書曰得，器用也。凡獲器用曰得，得用焉曰獲。』杜預解釋『獲器用曰得』云：『器用者謂物之成器可爲人用者也。』解釋『得用焉曰獲』云：『謂用器物以有獲，若麟爲田獲，俘爲戰獲。』孔疏云：『器用者，謂器物可爲人用，凡獲此物之用者謂之得也，得用者謂將此器用以得於物焉謂之獲』。杜預和孔穎達的解釋真不知所云。此處『用』義實也是兵器，即指上面的大弓。『凡獲器用曰得』是説器和用兩者都有俘獲就書得。『得用焉曰獲』是説只得兵器就書獲。陽虎送歸的是寶玉和大弓，寶玉是器，大弓是用，所以春秋書『得寶玉大弓』。由此看來，杜預和孔穎達等已不知道器和用的不同了。古代器和用是有分别的，所以銅器銘辭凡鑄造鐘鼎彝器，都説作器，而鑄造兵器，則説作用。按卜辭有云『俘取美邦史，于之及伐望，王受又，𤔲用」，（摭續一四一），「𤔲用」也必是俘獲兵器，是商代也必稱工農生產工具和兵器爲「用」。

「元用」之「元」義蓋爲善。國語周語「衆非元后何戴」，晉語「抑人之有元君，將稟命焉」，韋昭并云「元，善也」。「元用」意蓋爲好兵器，這和鐘鼎簠簋之屬稱寶器一樣。

一九六八年二月廿六日草

一九六九年十月八日重抄

曾大保盆考釋

曾大保麐叔亟用其吉金自乍旅盆。子子孫孫永用之。

郭沫若謂「亟」是曾大保之名。尚書洪范「會其有極，歸其有極。」曾大保名亟字麐叔，是名與字相應。

郭説不確。「麐」，説文所無，義是否與「會」相同，難必。「會其有極」，史記宋微子世家集解引鄭玄云：「謂君也。當會聚有中之人以爲臣也。」「歸其有極」，鄭玄云：「謂臣也。當就有中之君而事之。」「會其有極」是指人君的，若以之爲名，則必須是人君，始有資格。曾大保明是大臣，怎能以此爲名字呢。

『亟』實是個語助詞。滕侯虎毀『滕侯虎[广韋]乍氒皇考公命中隮毀。』曾伯陭壺『隹曾白陭廼用吉金鐈鋚用自乍醴壺』，曾子中宣鼎『曾子中宣遚用其吉金自乍寶貞（鼎）』，語例與此一樣，『亟』字與『[广韋]』『遚』『廼』用法相同，是語助詞，顯然可見。

一九六八年三月十三日草

一九六九年十月十七日重抄

曾伯霥簠考釋

隹王九月初吉庚午，曾白霥哲聖元武，元武孔黹，克狄淮尸，印燮繁湯。金衜錫行，具既卑方。余睪其吉金黃鏞，余用乍旅匿，㠯征㠯行，用盛稻粱，用孝用亯于我皇文考。天賜之福，曾伯霥叚不黃耇，萬年釁壽無疆，子子孫孫永寶用之亯。

曾器傳世者不少。郭沫若兩周金文辭大系收録者，此器之外，有曾伯陭壺　曾子屖簠　曾子[走與]簠　曾子〇簠　曾子中宣鼎　曾大保盆　曾侯簠（叔姬簠）。前幾年，武昌又發現曾伯鼎。曾，學者都以爲是禹後姒姓之鄫，或者以曾器爲楚器，這實是不正確的。楚器有曾姬無卹壺。壺銘云：『聖趄之夫人曾姬無卹』。又有曾侯簠云：『叔姬乍黃邦，曾侯乍叔姬邛嬭賸器䵼彝。』足證曾是姬姓而不是姒姓。又楚王酓章鐘：『隹王五十又六祀，返自西𦍩，楚王酓章乍曾侯乙宗彝，寘之于西𥎦。』楚王酓章即是楚惠王。此銘是説楚惠王徙曾於西𥎦。據此，曾當爲楚所滅，曾爲楚所滅的年代，不能確知，由此銘看，在楚惠王五十六年，曾還存在，雖然在此以前或已爲楚所破。楚惠王五十六年是公元前四三三年。姒姓之鄫，在今山東境内，魯襄公六年（公元前五六七年），爲莒所滅。及魯昭公四年（公元前五三八年）莒内亂，鄫又叛莒降魯，爲魯所有，不論時間地點，曾和鄫都不相合，可知曾决不是姒姓之鄫。

我疑心曾乃是與申侯共攻周幽王的繒。史記周本紀云：『申侯怒，與繒、西夷、犬戎攻幽王驪山下。』昭公二十六年左傳疏引竹書紀年云：『先是申侯、魯侯及許文公立平王於申。幽王既死，而虢公翰又立王子余臣於攜。周二王并立。』當時反對幽王者尚有魯、許。魯即是吕，也就是甫。幽王既死之後，虢公翰又立王子余臣，與平王對立。按犬戎原與申侯共攻幽王的，何以後又攻平王而迫使周東遷呢？疑幽王死後，犬戎又與申侯分裂。犬戎支持虢公翰和王子余臣。申、繒、吕、許等國，原都是西方的國家，因爲犬戎所攻，隨平王東遷。詩崧高詠申侯邑謝，詩王風揚之水詠戍申、戍甫（吕），戍許都是述這些國家東遷時事的。申侯遷於謝，漢書地理志謂宛爲故申伯國。郡國志新蔡有大吕亭，劉昭引地道記云：『故吕侯國。』曾遷於何地不得而知。哀公四年左傳云：『致方城之外於繒關。』疑繒關就是曾最初的遷地。

這篇銘辭是稱述曾伯霥征淮夷的武功的。郭沫若謂此器與晉姜鼎同時。『彼云征緐湯原，此云印燮繁湯，蓋晉人與曾同伐淮夷』。郭氏指出這點，甚爲有益。按後漢書南蠻傳云：『平王東遷，蠻遂侵暴上國。晉文侯輔政，乃率蔡共侯擊破之。』范曄這條記載不知根據什麼。范書四夷傳多用竹書紀年，疑這也是出於竹書紀年。由此可知晉文侯確實曾征南夷，疑這和晉姜鼎及此器所述即是同一次戰爭。這次戰爭蔡共侯和曾伯霥都是隨晉文侯參加的。據史記十二諸侯年表和蔡世家，蔡共侯在位只有兩年，是當周平王十年和十一年，晉文侯二十年和二十一年。這次戰爭當就在兩年之內，此器及晉姜鼎當也就是這兩年之內鑄的。

一九六八年三月三日草

一九六九年十月十二日重抄

曾侯簠考釋

叔姬霝乍黃邦，曾侯乍叔姬邛嬭賸器䵼彝。

對於此器的解釋，學者的意見很不一致。郭沫若云：『乃楚之鄰國姬姓之女嫁於黃邦，楚作器以賸之，同時復賸適江之楚女。』吳闓生云：『此器頗費解』，『疑叔姬霝乍黃邦曾侯彝器，叔姬作江芊嬭器，二事而合之。』楊樹達謂疑叔姬爲女君，而邛嬭爲賸，此器是賸邛嬭的。曾爲邛嬭之母國。

賸器是女子出嫁，其父兄爲其女或姐妹作的。鄰國嫁女於黃，與楚無關，楚必不爲之作賸器。此器既賸姬姓嫁於黃之女，又賸適江之楚女，一器而賸兩個不同的國家，而又是嫁於兩個不同國家的女子，事理決不可通。郭説顯然是不正確的。吴氏之説更不成文理。楊説也不可通，叔姬是女君，必是黄的女君。邛嫞如果是楚女，則必是適江者。楚女又嫁於江，何以又能作黄國女君之媵呢？

我覺得此器并不難解。這乃是曾侯嫁女於黄，而江女爲媵，和許子妝簠許嫁女而秦女爲媵一樣。曾是姬姓國，此器乃是曾器而不是楚器。

『叔姬霝乍黄邦』，郭沫若謂乍當讀爲迮或徂，訓爲嫁，楊樹達從之。『乍』義與嫁相同是對的，但謂讀爲迮或徂，則不免於臆度。爾雅釋詁云：『如、適、之、嫁、徂、逝，往也。』列子天瑞篇『子列子居鄭國，四十年人無識者……國不足，將嫁於衛。』張湛云：『自家而出謂之嫁。』『嫁』義實爲往。女子出嫁亦稱適人，『適』義也爲往。是女子出嫁就是前往的意思。按『作』義也爲往，詩常武『有嚴天子，王舒保作』，鄭箋云：『作，行也。』『行』與『往』義一樣。『叔姬乍黄邦』是説叔姬霝嫁於黄邦。

這裏只有一個問題，就是江舊都以爲是嬴姓，而此爲嫞姓，似與舊説不合。按史記楚世家云：『饗王之寵姬江芊而勿敬也。』據此江實是芊姓而不是嬴姓。索隱云：『姬當作妹』，這當是以江爲嬴姓推想的。

一九六八年三月五日草

一九六九年十月十二日重抄

邾公釛鐘考釋

陸𩁹之孫邾公釛乍氒禾鐘，用敬卹盟祀，旂秊釁壽，用樂我嘉賓及我正卿。䍜君霝，君目萬秊。

郭沫若云：『䍜君霝君，第二君字余初疑剔誤，非是。字在此殆假爲聞。』按此説非是，句讀訓釋不確。第二『君』字應屬下讀。此當讀爲『揚君霝，君以萬年。』『霝』即是『靈』，義爲福、爲善，與『休』『禄』『慶』同義。廣雅釋言云：『靈，福也。』廣雅釋詁云：『休、禄、慶、靈，善也。』成公三年左傳『以君之靈，累臣得歸骨於晉，寡君之以爲戮，死且不朽。』哀公二十四年左傳『寡君欲徼福於周公，願乞靈於臧氏。』『靈』義都爲福。『揚君霝』謂揚君之賜福，和『揚君休』一樣。此鐘是邾公釛器，但銘辭是臣下作的，所以最後説揚君霝，祈君壽考萬年。這乃是臣下爲朱公釛祝嘏之辭。

一九六八年三月十一日草

一九六九年十月十三日重抄

中子化盤考釋

中子化，用保楚王，用正梠，用羣其吉金自乍盥盤。

郭沫若謂此器是楚簡王時器。史記楚世家云：『簡王元年，北伐莒，滅之。』就是此處所説的『正梠』。

我疑此處『梠』，不是己姓之莒，而是姜姓之吕，也就是申吕之吕。郡國志『新蔡有大吕亭』，劉昭注引地道記云：『故吕侯國。』『梠』疑就是新蔡之吕，吕也是爲楚所滅。楚滅吕的年代不能確知，大概和滅申相前後，申爲楚所滅是在楚文王時，此器也當是與此相去不遠之器。

又春秋晚期和戰國初期楚器的書法多筆畫纖細。如吴器者減鐘　吴王光鑑，徐器沇兒鐘　王孫鐘，蔡器蔡侯鐘　蔡侯盧等風格相類。如楚王酓章鐘　楚王領鐘便是典型。這種書法已不是日用寫字的書體，而是一種特殊的工藝的書體。大概在這個時期，吴、越、徐、楚、蔡等國青銅器鑄造工藝已彼此互相影響，形成一種風格。而此器的書法和上述諸器絶不相同。這也可爲此器不是戰國初期楚簡王器的一個佐證。

一九六八年三月九日草
一九六九年十月十四日重抄

曾姬無卹壺考釋

隹王廿又六年，聖𧻚之夫人曾姬無卹，望安丝漾陲，蒿閒之無嗎。甬作宗彝隮壺，逡嗣甬之，職才王室。

郭沫若云：此器『字體與楚王酓章鐘極近，大率即惠王時物。』李學勤謂『曾姬無卹是楚宣王之夫人……器作於楚宣王二十六年。』按此器字體與楚王酓章鐘不類，而與秦公𣪘全同，幾出一人之手，疑此器當與秦公𣪘、秦公鐘同時。秦公𣪘、秦公鐘學者多以爲是秦景公時器，秦景公在位四十年，當楚共王十五年至楚靈王四年。在此前後，楚諸王在位穆王十二年，莊王二十三年，康王十五年，郟敖四年，在位的年代無一在二十六年以上者，只有共王在位三十一年。由此可知，此器當是楚共王時物，曾姬無卹當就是楚共王之夫人。

郭沫若指出秦公鐘與叔夷鐘形制花紋全同，如出一範。此壺的書法又和秦公𣪘完全相同，這幾件銅器當是相前後不久的器，疑秦公鐘和叔夷鐘，秦公𣪘和此壺即由同一工人所設計。由此看來，在春秋中葉，東至齊，西至秦，南至楚，青銅器製造工藝已彼此溝通，互相影響了。

一九六八年三月十四日草

一九六九年十月十七日重抄

𡔷殷考釋

𡔷從王伐荆，孚用，乍鑅殷。

郭沫若云：『孚下不著賓詞，自即俘金俘貝之省。』按『俘』是接物動詞，下必須有賓詞，不能省，否則便不成文。我以爲『用』字當屬上讀，讀爲『孚用，乍鑅殷』。『用』是兵器。這是説俘獲兵器，以之乍殷，呂行壺『孚貝，用乍寶隮彝。』簹鼎『簹孚貝，簹用乍饔公寶隮鼎。』員卣『員孚金，用乍旅彝。』過伯殷『孚金，用乍宗室寶隮彝。』䟒駿殷『從王南征伐楚荆，又得，用乍父戊寶隮彝。』楚王酓忎鼎『楚王酓忎戰隻兵銅，正月吉日，窒鑄匋鼎之蓋』。古代多以戰爭俘獲以鑄造彝器。這當是以之紀念戰功的。

一九六八年三月十四日草

一九六九年十月十七日重抄

絺殷考釋

隹十又二月既生霸丁亥，王吏𤆍蔑曆，令對邦。乎易絺旂，用保乃邦。絺對楊王休，用自乍寶器，萬年㠯氒孫子寶用。

『𠭯』楊樹達釋爲『封』。字形不合，文義也不妥。此字不識。『用自乍寶器，萬年㠯氒孫子寶用。』楊樹達於『萬年』讀，也非是。這應讀『萬年㠯氒子孫寶用』爲句。『㠯』字楊氏無釋，按『㠯』義當爲及。國語周語『在湯誓曰：余一人有罪，無以萬夫。』『無以萬夫』即『無及萬夫』。矢彝『今我唯令女二人太眔矢在左右乃寮㠯乃友吏。』大𣪕『豖㠯嬰頫大易里。』『㠯』義也爲及。『萬年㠯氒孫子寶用』是説萬年及於子子孫孫永遠寶用。

一九六八年九月十二日草

一九六九年十一月十六日重抄

秦公鐘考釋

秦公曰：不顯朕皇且受天命，竈又下國，十又二公。不豕在下，嚴䜌寅天命，保𤕦氒秦，虩吏蠻夏。余雖小子，穆穆帥秉明德，叡尃明井。虔敬朕祀，㠯受多福，𢆶龢萬民，唬夙夕剌剌𧻚𧻚，萬生是敕。咸畜百辟胤士，𧷫𧷫文武，鎮靜不廷，𩠋燮百邦于秦執吏。乍盄龢鐘，氒名曰𦺉邦。其音鍴鍴雝雝，孔皇，㠯卲零孝享，㠯受屯魯多釐，晄疐在立，高弘又慶，匍及四方。永寶。宜。

「寵又下國」，「寵又」即是毁銘的「寵囿」。

「𢆶龢萬民」，「𢆶」宋代學者王俅、薛尚功以來都以爲是「協」字。「𢆶龢萬民」與堯典「協和萬民」語例完全一樣，「𢆶」和「協」音義相同，自無可疑。但「𢆶」與「協」字形截然不同，若就以爲即是一字，則不正確。這個字甲文作「𢆶」，說者以爲是从「耒」从「犾」。古代既不聞有用犬耕田，从「耒」从「犾」便義不可通。此字有作「𢆶」者（梨七一八）「𢆶」顯然是兩齒杈的形狀。我以爲此字本義蓋是多人持杈携犬一起田獵。因爲是多人一起田獵，故引申爲合力。「𢆶」與「協」字甲文作「劦」，本義是多人共同耕作，因爲多人共同耕作，故也引申爲合力。「𢆶」與「協」義相近，故後世假「協」爲「𢆶」。

「吕邵零孝亯」。說文云：「零，雨零也。」與此文義不合。㝬鐘：「用邵各不顯且考先王。」語例與此一樣，「零」必就是「各」，「各」實就是「零」和「落」字的初文。卜辭有云：「〇〇邻各日，王受又」（粹一二七八），「各日」顯即是落日。堯典「寅賓日入」，古代是祭祀落日的。有人讀「各」爲「格」義爲至，「各日」猶出日，實是錯誤的。「各」字甲文作「各」，「夂」是倒「止」。甲文凡前進、上升，都用「止」表示，如「步」（步）「前」（前）「陟」（陟）；凡還復、降落都用「夂」表示，如「降」（降）「复」（復）。「各」字从「夂」从「口」，蓋表示落地之意。說文云：「零，雨零也。从雨各聲。」「落凡艸曰零，木曰落」。「零」「落」實都是由「各」孳乳的，即是一個字，不過加不同的偏旁而已。說文分爲兩個字，乃是没有了解此字的演變。

『各』又演變爲『佫』『⿺辶各』『洛』『客』。

趞曹鼎『王才周般宮，旦，王各大室。』

師虎𣪕『王才杜宔，佫于大室。』

庚嬴卣『王⿺辶各于庚嬴宮。』

⿰阝睪卣『⿰阝睪從公，豖皈洛于宮。』

師遽𣪕『王才周，客新宮。』

小臣静鼎『王客葊京。』

『各』『佫』『⿺辶各』『洛』『客』用法相同，義都爲至，實也就是同一個字，也只是所加的偏旁不同而已。

『客』義又爲賓客，這當是由『客』義爲至引申的。『客』又孳乳爲『愙』（恪），『愙』和『客』實也是一個字，周以三王之後爲三愙（恪），宋於周爲客，可知愙就是客。『愙』義爲敬，當由客引申的。

『邵⿱雨各』過去都讀『⿱雨各』爲『格』，義爲至，從文義看，以『⿱雨各』爲『格』，決不可通。秦公𣪕『乍⿰女加宗彝，㠯邵皇祖』，沈子𣪕『用佫多公』，善鼎『余用各我宗子雩百生。』這是『邵』『各』二字分開用的，訓『各』爲至，文義不通，更顯然可見。我以『⿱雨各』當讀『恪』，義爲敬。説文云：『悫，敬也。』『洛用公』『各我宗子雩百生』，是説敬多公，敬我宗子和百姓，『邵』即是『昭』，意爲尊顯。周語國語『昭神能孝』。韋昭云：『昭，顯也，尊而顯之，若周公然。』『邵零』意謂尊敬。

一九六八年三月十一日草
一九六九年十月十八日重抄

縣妃𣪕考釋

隹十又三月既望辰才壬午，白犀父休于縣妃，曰：𠭯乃任縣白室，易女婦爵𡚬之弋用，玉黃〇。縣妃每䡈白犀父休，曰：休白哭[illegible]卹縣白室，易君，我隹易壽。我不能不眔縣白萬年保。肄敢𨽍于彝，曰：其自今日孫孫子子毋敢望白休。

『白犀父休于縣妃。』麥尊『唯天子休于麥辟侯之年。』耳尊『侯休于耳，易臣一家。』小臣𣪕『趞叔休于小臣貝二朋，臣三家。』尚書大誥『天休於寧王，興我小邦周』，『天亦惟休於前寧人。』語例都一樣。『休』舊都訓美，按『休』義爲善、美之外，又有慶、福禄之義。爾雅釋言云：『休，慶也。』玉篇云：『休，美也、福禄也、慶善也。』國語周語『各守爾典，以承天休』，又『其何德之修，而少光王室，以逆天休』，韋昭并云：『休，慶也。』『慶』義也爲福。詩甫田

『我田既臧，農夫之慶』，傳云：『慶，福也。』『休』在此之義實爲福，也就是恩惠。『白犀父休于縣妃』，是説白犀父賜恩於縣妃。『唯天子休于麥辟侯』，是説天子賜恩於麥辟侯。『侯休于耳』，是説侯賜恩於耳。『趞叔休于小臣』，是説趞叔賜恩於小臣。『天休于寧王，與我小邦周』，是説天賜恩文王，使周興起。

『休白哭⿱丰厶卹縣白室。』『休白』郭沫若謂是人名，即白犀父之號，實誤。此處『休』義實也爲恩，是恩謝的意思，『白』是指白犀父。這是説感謝白犀父關心縣白之室。尹姑鼎『穆公乍尹姑宗室于繇林。隹六月既生霸乙卯，休天尹弗望穆公聖粦，明𠈌事先王，各于尹姑宗室繇林。』鄹父鼎『休王易鄹父貝』。效父𣪘『休王易效父貝』。『休』用法與此一樣，義也爲恩謝。

『⿰阝⿱丯彡』字不識。郭沫若釋『隊』義爲對。字形不合。我疑心是『𦘔』字。説文云：『𦘔，聿飾也。从聿从彡，俗語吕書好爲𦘔。』『𦘔』義蓋爲以筆書寫。『⿰阝⿱丯彡』所从之『⿱丯彡』疑象手持刀筆之形，『𦘔』初義疑爲以刀筆刻書。『⿰阝⿱丯彡之于彝』是説書刻於彝器之上。

一九六八年三月十九日草

一九六九年十月二十日重抄

鄁嬰毁考釋

王子剌公之宗婦鄁嬰爲宗彝𩰫彝，永寶用。㠯降大福，保辥鄁國。

郭沫若謂此器『字跡類石鼓文，』花紋屬宗周末年，故以此爲幽王時器。王子乃宣王之子。按此器書法與石鼓文不同，而與秦公毁曾姬無卹壺風格極相似，疑年代與二器相近。又作器，西周多用『作』字，『爲』字用的較晚。春秋時器銘常見用『爲』字。如曩公壺『曩公乍爲子叔姜〇盥壺。』甫人盨『〇〇爲甫人行盨。』邿討鼎『邿討爲其鼎。』郘鐘『乍爲余鐘。』陳逆毁『陳氏曾孫逆乍爲皇祖大宗毁。』此器用『爲』字，恐也是東遷以後物。再次，西周國家都稱『邦』，如盂鼎『武王嗣文王作邦。』克盨『隹乃先祖考又𢍜于周邦。』毛公鼎『命女辥我邦。』『國』義則爲方域。如保卣『王令保及殷東國五侯。』㝬鐘『南國𠬝變敢臽虐我土。』此器稱『鄁國』，爲時也一定不太早。此器疑是春秋中葉物。

一九六八年四月草

一九六九年十月廿一日重抄

伯克壺考釋

隹十又六年七月既生霸乙未，白大師易白克僕卅夫，白克敢對䫉天右王白友，用乍朕穆考後中隮壺。克用匄𥁰壽無疆。克克其子子孫孫永寶用亯。

郭沫若云：『天右王白友句難解，右字作，余初疑君字之譌，友作，余初疑休字，然細案亦覺不類。蓋右當讀爲祐，友乃假爲休，之幽二部音本相近，謂敢對揚皇天之祐與王伯之休。王伯者大伯，自指大師而言。』按郭説是錯誤的。『右』就是『祐』是對的，但不能謂『天右』爲『皇天之祐』而與『王伯之休』相對。『王』當讀爲『皇』。白康毁『白康乍寶毁，用鄉倗友，用餴王父王母。』𢍰作媿氏毁『𢍰乍王母媿氏餴毁。』㭬季毁『㭬季肇乍王母叔姜毁。』『王父』『王母』顯就是『皇父』『皇母』。『王伯』當也就是『皇伯』。『皇伯』猶言『皇尹』『皇君』。『天右王白』是謂天所祐之皇伯。『友』假爲『休』，不免想像。我以爲『友』當讀爲『宥』『侑』『賄』，虢仲盨『𢆶盨友十又二』，『友』必讀爲『有』，是『友』與『有』通用。師遽彝『鄉醴，師遽蔑曆昚』，『昚』顯應讀爲『侑』。僖公廿五年左傳『戊午，晉侯朝王，王饗醴，命之宥』（宥國語作侑）。杜預云：『既行饗禮，而設醴酒，加之以幣帛以助歡也。宥，助也。』韋昭云：『侑，侑幣，謂既食以束帛侑公。』僖公廿八年左傳『己酉，王享醴，命晉侯宥』。杜預云：『既饗，又命晉侯助以束帛，以將厚意。』召尊『唯九月，在炎𠂤，甲午，白懋父賜召白馬，每黃、𩒬（缺）𢼸，用東不杯。召多用追于炎，不䜌白懋父友。』『友』義與此相同。積古齋鐘鼎彝器款識著録趞小子𩁹毁云：『趞小子𩁹𠄘其友乍𩁹男王姬𩁹彝。』『友』義顯又爲賞賜之物。

一九六八年三月廿一日草
一九六九年十月廿六日重抄

虢叔旅鐘考釋

虢叔旅曰：不顯皇考叀叔穆穆秉元明德，御于厥辟，𣁋屯亡敃。旅敢戱帥井皇考威義，[illegible]御于天子。廼天子多易旅休。旅對天子魯休𩙯，用乍朕皇考叀叔大𪔋龢鐘。皇考嚴才上，異才下，𪔀𪔀𥷋𥷋，降旅多福。旅其萬年子子孫孫永寶用亯。

『御于厥辟。』『御』郭沫若謂『即曲禮上「御食於君」之御，鄭注勸侑曰御。』以『御』義爲勸侑，文義不可通。郭説非是。『御』在此義實爲侍。廣雅釋詁云：『御，侍也。』詩行葦『肆筵設席，授几有緝御。』鄭箋云：『御，侍也。』國語周語『侏儒戚施，實御在内。』韋昭曰：『御，侍也。』成公十六年左傳『寡君乏使，使鍼御持矛。』杜預云：『御，侍也。』『御于厥辟』是謂侍於其君。下文『御于天子』，也是説侍於天子。

『髦屯亡敃。』這句話又見於師望鼎和克鼎。師望鼎云：『用辟于先王，髦屯亡敃。』克鼎云：『頊（？）于上下，髦屯亡敃。』蓋是周代的習用語。這句話很難解。容庚金文編釋『髦』爲得，訓『敃』爲彊，『髦屯亡敃』即『得屯亡彊』。郭沫若釋爲『渾沌亡敃。』文義都不可通。我以爲這句話蓋是説無過。説文云：『敃，彊也。』在這裏訓『敃』爲彊，不可通。按兮甲盤『兮甲從王，折首執嚥，休，亡敃。』『亡敃』與『休』相對，『休』義爲善，『亡敃』意必爲無過。我以爲『敃』義當爲病。毛公鼎云：『敃天疾畏。』顯就是詩召旻、雨無正、小旻之『旻天疾威』。詩召旻傳云：『旻，病也。』『亡敃』意蓋謂亡病。『髦屯』與『亡敃』是相對的，『屯』就是『純』，『純』有好、美之義。方言云：『純，好也。』呂氏春秋士容篇高誘注云：『純，美也。』『髦』字不識，容庚釋『得』不確。但『髦屯』意必爲美善。『髦屯亡敃』意蓋與『休，亡敃』相近。

『迺天子多易旅休。旅對天子魯休颺』，楊樹達謂『休』義爲賜，『多錫旅休者，多與旅以好賜之物也。旅對天子魯休揚者，旅揚天子之嘉賜也。』這實是錯誤的。『休』義實爲恩，『魯』義則爲多，爲厚。『天子多易旅休』，是説天子多賜旅恩。『對天子魯休揚』，是説答揚天子之厚恩。

一九六八年三月廿六日草

一九六九年十月廿八日重抄

曾子㞢簠考釋

曾子㞢自乍行器，鼎永祜禠。

楊樹達云：『古音則與載同，則永祜福即載永祜福。』按楊説非是。王引之經傳釋詞云：『則猶其也。禮記檀弓曰：「人之稱斯師也則謂之何？」言其謂之何也。僖公二十三年左傳曰：「淫刑以逞，誰則無罪！」言誰其無罪也。文公十七年左傳曰：「雖我小國，則蔑以過之矣！」言其蔑以過之矣。吴語曰：「君有短垣而自踰之，況荆蠻則何有於周室，」言其何有於周室也。』金文『則』字也有與此相同的用法。蠡駒尊『蠡倗下不其，則萬年保我萬宗』，舀鼎『舀則拜䭫首，受丝五夫』，鬲攸比鼎『攸衛牧則誓。』『則』義都與『其』相同。『則永祜福』即『其永祜福』。『祜』楊樹達謂與『胡』同，義爲大。按爾雅釋詁云：『祜，福也。』『祜福』文義可通，不必讀『祜』爲『胡』。

一九六八年三月十三日草
一九六九年十月廿九日重抄

效卣考釋

隹四月初吉甲午，王雚于嘗。公東宮納鄉于王。王易公貝五十朋。公易氒𣵦子效王休貝廿朋。效對公休，用乍寶隮彝。烏虖！效不敢不萬年夙夜奔徒䢅公休，亦其子子孫孫永寶。

『雚』楊樹達謂當讀爲『觀』，『觀爲古人娛遊之一事。尚書無逸曰：「則其無淫于觀、于逸、于遊、于田」。』以觀與逸、遊、田并列，楊説甚是。『雚』字在此是個不接物動物，其義若不是觀遊，文義也不可通。

『公東宮納鄉于王。』楊樹達以東宮爲宮室，這是『謂公在東宮納饗于王。』這是錯誤的，這樣解釋文法不通。東宮乃是官名。舀鼎『昌匡季告東宮。』陵貫毀『隹巢來钗，王令東宮追昌六𠂤之年。』可以爲證。『東宮内鄉于王』，和噩侯鼎『噩侯駿方内駿于王』語例一樣，是説東宮饗宴王。不説東宮饗王，而説東宮納饗於王，這是因爲東宮是人臣，不敢説饗王。這當是王遊嘗，東宮設宴招待。

『𣵦子效。』『𣵦』方濬益釋『涉』，『涉子效』是人名，是東宮之臣。郭沫若謂是『巡』字，『巡子』即『順子』。楊樹達又謂『涉』與『枼』通，『枼』即是『世』字，『涉子』就是『世子』。按『涉』字甲文和金文都作⿱止止，字形與此不同。以『⿰巛步』爲順子或世子，文義不可通。若效爲東宮之『順子』或『世子』，則效應稱東宮爲父，今不稱父而稱公，足知效必不是東宮之子。方濬益謂效是東宮之臣，是正確的，不過『⿰巛步』是何字，『⿰巛步子』是什麼意思還是不容易明瞭。

『王休貝廿朋。』『休』郭沫若訓賜，楊樹達訓好賜。『休』義實爲恩，在此爲恩賜。『公易氒⿰巛步子效王休貝廿朋』，是説公賜效王所賞的貝廿朋。

『烏虖』是嘆詞。後世都以『烏虖』表示悲痛之意，古代似不盡然。詩維天之命『於乎！不顯文王之德之純。』儠兒鐘『烏虖敬哉！余義楚良臣』，都無悲痛之意。此處『烏虖』也不是悲嘆。

『邁』就是『萬』字，并不是假借。『萬』字金文又作『㒖』『⿱萬土』『邁』『厲』等形。這只是『萬』字增加不同的偏旁而已。在我國文字發展中，這種情況很多。如『各』『佫』『⿺辶各』『洛』『客』『⿱雨各』『落』和『冓』『傋』『遘』『覯』便是最明顯的例子。後世人不知道，見到這種字字形不同，便以爲是不同的字，這些字通用，便以爲是假借，實是錯誤的。説文云：『萬，蟲也。从厹，象形』，應就是『蠆』或『⿱萬蚰』字的本字。『萬』原是個象形字，其作爲數字乃是假借，加上偏旁作『邁』和『厲』，便是形聲字了。形聲字有很多都是這樣形成的。不論象形字、會意字、指事字或假借字，增加偏旁，都可以成爲形聲字。

『亦其子子孫孫⿺辶永寶』。銅器銘辭言子孫寶用，都説『其子子孫孫永寶用』，或於其上加人名，如刺鼎『刺其萬年子孫永寶用。』克鐘『克其萬年子子孫孫永寶用。』而此於『其』字上加『亦』字，『亦』蓋是語助詞。師虎毁『王若曰：虎，⿹𢦏食先王既令乃祖考事啻官，嗣左右戲緐刑。』蔡毁『王若曰：蔡，昔先王既令女作宰，嗣王家。』卯毁『昔乃祖亦既令乃父死嗣棥人。』語例一様，而卯毁也於『既』字上加『亦』字。『亦』也是個語助詞。『亦』我以爲意蓋與『其』略同。詩草蟲『亦既見止，亦既覯止，我心則降。』『亦既見止，亦既覯止』，顯然是『其既見止，其既覯止。』論語『不亦説乎？』『不亦樂乎？』『不亦君子乎？』也顯然是『不其説乎？』『不其樂乎？』『不其君子乎？』毛公鼎『亦唯先正⿱吅乇辥辟』，卯毁『昔乃祖亦既令乃父死嗣棥人』，『亦』當也與『其』同，『亦唯先正』即『其唯先正』，『亦既令乃父』即『其既令乃父』。詩閟宫『周公皇祖，亦其福女。』『亦』與『其』義相同，所以可以連用。

一九六八年三月三十日草

一九六九年十一月一日重抄

王中皇父盉考釋

王中皇父乍⿸厂夊媜般盉，其萬年子子孫孫永寶用。

方濬益以『王中』連讀，『王中』爲王弟之稱。楊樹達以『中皇父』連讀，『王中皇父』是謂周中皇父，『中皇父之稱，猶伯角父盉之伯角父，季良父盉之季良父。又猶他器之中𠂤父，中師父與中惠父。王中皇父猶他器之魯伯愈父，鄭叔興父。』按楊說是也。嘯堂集古録載周孟皇父匜，云：『周孟皇父乍旅匜。』這更足證『王』確定是指周。銅器有函皇父𣪘　函皇父匜，近年出土又有函皇父鼎　函皇父盤、函皇父𣪘等器。𣪘銘云：『函皇父乍王周媍盤盉䵼器……』函皇父是嬇姓，王中皇父也是嬇姓，必是同族。

一九六八年二月十一日草
一九六九年十一月六日重抄

虢文公子𠭯鼎考釋

虢文公子𠭯乍叔妃鼎，其萬年無彊，子子孫孫永寶用亯。

國語周語『宣王即位，不藉千畝。虢文公諫曰』云云。此器虢文公學者以爲就是國語周語所說的虢文公。但虢文公是哪一個虢國之君，過去學者意見却不一致。賈逵謂是虢仲之後，韋昭以爲是虢叔之後，西虢之君。國語周語韋昭注云：『賈侍中云，文公文王母弟虢仲之後，爲王卿士。昭謂虢叔之後，西虢也。及宣王都鎬，在畿内也。』僖公五年左傳正義引賈逵云：『虢仲封東虢，制是也；虢叔封西虢，虢公是也。』郭沫若從賈説，以虢文公爲東虢之君，其地是制。按一九五七年河南陜縣上村嶺出土有虢季氏子段鬲（見文物一九五九年第一期）銘云：『虢季氏子段乍叔妃寶鬲子子孫孫永寶用亯。』很明顯，這和此鼎所記即是一事。二器爲一人之器，同時所製。虢文公子段就是虢季氏子段。疑此鼎也是出土於陜縣上村嶺。漢書地理志陜縣自注云：『故虢國。』郡國志云：『陜本虢仲國』，李賢注云：『杜預曰，虢都上陽，在縣東，有虢城。』水經注河水云：『河南即陜城也。昔日周公分陜，以此城爲東西之别，東城虢邑之上陽也。虢所都，爲南虢。』陜是虢都，據此，虢文公乃是陜縣的虢國之君，不是制之東虢或西周畿内之西虢。

虢有幾個地方都稱虢。漢書地理志云：『陜故虢國……北虢在大陽，東虢在滎陽，西虢在雍州。』陜縣之虢，水經注謂是南虢。關於文王弟虢仲虢叔的封地，漢晉以來學者意見也很紛亂。賈逵云：『虢仲封東虢，制是也；虢叔封西虢，虢公是也。』這裏所説的虢公即爲晉獻公所滅的虢公醜，虢公醜實就是陜縣之虢。據此，賈逵是以虢仲封於制，虢叔封於陜。陜是西虢。僖公五年左傳正義引馬融云：『虢叔同母弟，虢仲异母弟，虢仲封下陽，虢叔封上陽。』這以虢叔的封地爲上陽即陜，與賈逵相同，而以虢仲封下陽，即地理志之北虢，又與賈逵之説不一樣。韋昭謂虢文公是虢仲之後，是西虢，在畿内。又謂虢公醜是虢仲之後，是韋昭又以虢仲的封地爲陜，虢叔的封地在關中。郡國志云：『陜本虢仲國』，這也是以虢仲的封地爲陜。史記鄭世家『虢鄶之君，貪而好利。』索隱云：『虢叔文王弟。』這又以虢叔封於制之東虢。洪亮吉春秋左傳詁云：『按虢有三：晉太康地記，扶風郡雍西，虢地也。平王東遷，虢叔自此之上陽爲南虢，』這又以虢叔原封於雍西，後遷於上陽，即陝。

按僖公二年左傳云：『夏，晉里克、荀息帥師會虞師伐虢，滅下陽。』史記晉世家集解引服虔云：『下陽，虢邑也，在大陽東三十里。』穀梁傳云：『下陽，虞虢之塞邑。』又僖公二年左傳云：『虢必亡矣，亡下陽不懼。』僖公五年左傳云：『八月甲午，晉侯圍上陽。……十二月丙子朔，晉滅虢，虢公醜奔京師。』由此可知，上陽、下陽都是虢公醜的土地，下陽是邊邑，上陽是國都。馬融把上陽、下陽分爲兩國，謂虢仲封下陽，虢叔封上陽，顯然是錯誤的。國語鄭語『虢叔恃勢，鄶仲恃險』，韋昭云：『此虢叔，虢仲之後，叔仲皆當時二國君之字。』司馬貞謂此虢叔爲文王弟，也是誤解。

在這些説法之中也有一點是比較一致，没有異議的，就是虢叔所封的是稱西虢，虢仲所封的是稱東虢。僖公五年左傳云：『虢仲、虢叔，王季之穆也，爲文王卿士，勳在王室，藏於盟府。』國語鄭語云：『是其子男之國，虢鄶爲大。』虢仲是周文王的弟弟，又有功勳，決不會封他爲子男之國，即使説自周初到西周末，年代很久，但也決不會降到子男的地位。銅器有虢叔旅鐘，[鬲廾]攸比鼎，有虢旅其人。可知關中確有虢國。這也必是漢書地理志所説的西虢。我們根據這兩點推測，虢叔的封地似應是關中的西虢。而虢仲的封地則爲上陽即陝。制之虢乃是虢仲之後分封的。賈逵以上陽之虢爲西虢，以制之虢爲東虢，疑乃是由周東遷後的情況而來的。東周時關中之虢業已滅亡，只有陝及制之虢，因此後世人就以陝爲西虢，制爲東虢。因爲陝爲西虢，故賈逵、馬融又誤以爲虢叔所封。

虢器又有虢季氏組毁和虢季氏子組壺。郭沫若謂是北虢之器。按虢季氏子組與虢季氏子伇顯然是弟兄，也必是虢文公子。北虢即下陽，乃是虢邑，非別爲一國，郭説誤。

一九六八年三月廿四日草

一九六九年十一月九日重抄

不嬰毁考釋

隹九月初吉戊申，白氏曰：不嬰駿方，厰安廣伐西俞，王令我羞追于西。余來歸獻禽，余命女迎追于畧。女吕我車宕伐𡨦允于高陵。女多斮首𡠞噝。戎大同，迷追女，女彶戎大辜戟。女休，弗吕我車凾于謹。女多禽，折首𡠞噝。白氏曰：不嬰，女小子，女肈誨于戎工，易女弓一，矢束，臣五家，田十田，用迷乃事。不嬰拜頶手，休。用乍朕皇且公白孟姬障毁，用匄多福，眉壽無疆，永屯霝冬。子子孫孫其永寶用享。

『羞追于西。』『羞』，舊都訓進。爾雅釋詁云：『羞，進也。』説文云：『羞，進獻也。』在這裏，文義不甚切合。我以爲蓋讀爲『脩』。嘯堂集古録載有周宰辟父敦（應名周毁）銘云：『隹四月初吉，王才屖宮。宰屖父右周立。王冊命周曰：錫女華朱巿，幺衣，黹屯、㫃、攸勒，易戈、琱戟、彤沙，用鎌乃祖考事。官嗣尸僕，小射、底魚。周頟首對王休命，用乍文考寶毁，其孫孫子子永寶用。」『鎌』王俅釋『養』，説文云：『羧古文養。』王俅當是根據説文的。但釋『養』，在此文義不可通。從文義看，這必是讀爲『脩』。『鎌乃祖考事』即『脩乃祖考事』。這樣，文義就明暢了。尚書洪范：『人之有能有爲，使羞其行，而邦其昌』，『羞』王肅和僞孔傳都訓進，文義也不暢順。這也必讀爲『脩』，『羞其行』，是説脩其行。『脩』義爲長遠，離騷『路曼曼其脩遠兮』，王逸云：『脩，長也。』『羞追于西』是説長追於西，遠追於西。

『……伐寂允于高陸』，『戎大同，永追女，女彶戎大𦎫戟』，『用永乃事』。此足證戎就是玁狁。句子兩個『永』字，楊樹達謂都假爲『用』。楊氏云：『永字在此文殊無義理。余以聲義求之，永蓋爲用；用，以也。戎大同，永追女，謂戎大合以追女也。』以『永』爲『用』，毫無根據。這乃是濫用假借。『永』義自爲長，爾雅釋詁云：『永，長也。』尚書皋陶謨『脩思永』，『永』和『脩』義相同。『永追女』和上文『羞追女』意一樣，也是長追女。文義很清楚，没有什麼不可通之處。『用永乃事』是謂用久乃事。如讀『永』爲『用』訓以，反而不通。

『不娶拜頟手，休。』『手』係『首』之誤。『休』義爲謝恩，這是説不娶拜頟首謝恩。

此器王國維謂是宣王時器，郭沫若謂是夷王時器。他們都以此與虢季子白盤同時，所記伐玁狁即是一事。郭沫若并謂戰争是在十一年夏秋之間。按以此器爲宣王時器，與虢子白盤同時，不無可疑。此器記月曰『九月初吉戊申』，虢季子白盤記『十二年正月初吉丁亥。』十一年九月初吉戊申，次年正月初吉没有丁亥，日辰不合。我疑這可能也是平王時器。銘云『王令我羞追于西』，又云：『余命御追于䍙，女以我車宕伐𤞞允于高陵。』據此，這次戰爭的方向是由東向西，戰争是在洛水流域，後至高陵。如果這是宣王時事，行軍由宗周出發，『羞追于西』，則戰争應在宗周以西地區，不能在宗周以東的洛水流域，以至宗周附近的高陵。王國維謂『蓋此時玁狁東西兩道入寇，故既追於西，歸而復東，追於洛。時西寇雖去，而東方之寇已深入，故未及至洛而與之戰於涇水之高陵也。』這顯是想象。郭沫若知道這樣説不過去，所以他説這『乃王在成周所命』，但他又以西俞在雁門，則又説不通了，雁門遠在晉北，與周相去至遠而且中間還隔着許多諸侯之國，周何由就命師出征呢？而且與『羞追于西』這句話也不相合。若這是平王時器，則銘辭所説的戰争情况便暢通而無抵牾。平王時，玁狁侵占宗周，平王命師西征，所以説『羞追于西』，用兵先在洛水下游，然後至於高陵。

一九六八年三月廿二日草

一九六九年十一月十三日重抄

虢季子白盤考釋

隹十又二年正月初吉丁亥，虢季子白乍寶盤，不顯子白，胄武于戎工，經𦄜四方，博伐厰𤞤，于洛之陽，折首五百，執訊五十，是㠯先行。趄趄子白，獻戒于王。王孔加子白義。王各周廟宣廟，爰鄉。王曰：白父，孔顯又光。王賜乘馬，是用左王；賜用弓彤矢其央；賜用戉，用政䜌方。子子孫孫萬年無疆。

『𦄜』舊釋『維』。近時楊樹達釋『蒦』。楊氏云：『余謂𦄜當讀爲蒦。說文四篇上萑部云：蒦，規蒦，商也。一曰：蒦，度也。經𦄜四方者，經謂經營，𦄜謂規度，猶詩江漢經營四方也。』楊說似有理，但也不免牽强。謂經就是經營，不免以臆爲之。我覺得『𦄜』仍是以釋『維』爲當。『經𦄜四方』即『經營四方』。詩江漢『經營四方』傳箋對於經營二字都沒有解釋，按詩靈臺『經之營之』。經營一詞即出於此。傳云：『經，度之也。』箋云：『文王應天命，度始靈臺之基趾，營表其位。』對於『營』字也沒有明確的訓釋。我疑心『營』義當爲圍繞。說文云：『營，帀居也。』漢書李尋傳『日且入，爲妻妾役使所營』。師古云：『營，繞也。』楊雄傳『然至羽獵，田車，戎馬，器械，儲偫，禁禦所營』，師古曰：『營謂圍守也。』韓安國傳『吾埶已定，或營其左，或營其右，或當其前，或絶其後，單于可禽。』『營』義也顯爲圍繞。『經之營之』是説度量其寬廣大小，築墻圍繞起來。『維』疑也有圍繞義。釋名云：『帷，圍也。』説文『帷』古作『匯』，這更足以證明『帷』義當爲圍。『圍』字初只作『韋』。甲文『韋』作『[illegible]』或『[illegible]』，象人環繞城邑之形。後加『口』作『圍』。史記曹相國世家『以中尉從漢王出臨晉關，渡圍津』，索隱云：『顧氏按水經注，白馬津有韋鄉、韋津城，圍與韋同，古今字變耳。』『圍』是『韋』之變，『匯』也是『韋』之變。『匯』『韋』『圍』即是一個字。『帷』與『維』也是一個字之變。『經⿰糸隻四方』和『經營四方』意相同。

此器過去都以爲是周宣王時器，郭沫若謂是周夷王時器。按仍當以爲周宣王時器爲是。虢季子白疑就是虢文公。虢器有虢季氏子伇毁和虢季氏子伇壺，郭沫若謂乃虢季子白之族。按虢器又有虢文公子伇鼎和虢季氏子伇鬲，顯是同一人之器。由此可知虢季子白必就是虢文公。虢文公是陜的東虢之君。

一九六九年三月廿五日草

一九六九年十一月十四日重抄

大保毁考釋

王伐彔子[illegible]，𠭯氒反。王降征令于大保。大保克苟亡咎。王永大保，易休余土。用絲彝對令。

「□」楊樹達謂是「聽」之初文。「𠭯」是嘆詞，「氒」爲代詞。他説：「此文王伐录子爲句，□一字爲句，謂王伐录子，录子聽命也。」「𠭯！𠭯反者，𠭯爲嘆詞，氒爲代詞，指录，反即叛也。」他并解釋云：「説者多謂伐者伐其反。今知不然者，如彼説，文當先記反而後言伐，今文先伐而後反，知反在伐後也。」

按此説甚謬。句讀解釋都不成文理。「□」字不識，不能釋「聽」，即使是「聽」字，也不能解爲聽命。「聽命」，「聽」下必有「命」字，否則，文法不通。這應當讀「王伐录子□」爲句，「□」是录子之名，猶录伯㦰一樣。

謂「𠭯」爲嘆詞，也是錯誤的。「𠭯」字在此實是動詞，義爲誅鉏。「𠭯」實就是「鉏」及「鋤」字的初字。「𠭯」字甲文作「□」，从屮从又从且。「屮」就是農器之鉏，从「又」是表示以手持鉏。从「且」則是表聲。古从「虘」作的字，後世多省从「且」作。如「⿺辶虘」省作「退」或「徂」，「謯」省作詛，「樝」省作「柤」，「摣」省作「扭」，「⿰氵虘」省作「沮」。「鉏」和「鋤」我以爲就是「𠭯」字的省變。「王伐録子□，𠭯氒反」是説王伐彔子□，誅鉏反叛者。「氒」是冠詞，而不是代詞，「氒」決不能用爲代詞，也從不見有用爲代詞者。「反」是名詞，在此是受詞，不是動詞。「反」字古時是有這樣用的，如中齍「隹王令南宫伐反虎方之年。」「反虎方」是説反叛者虎方。疐齍「王令趞𢦏東反尸」，旅鼎「隹公大保伐反尸年」，「反尸」是説反叛的夷人。史記灌嬰列傳『以車騎將軍從擊反韓王信於代。』反韓王信便是説反叛者韓王信。漢書灌嬰傳刪去反字，大概後漢時反字就沒有這樣的用法了。

『⿱丷丂』即是『苟』字，也就是『敬』和『憼』字，都是一個字的演變，大盂鼎『若⿱丷丂乃正』、師虎毁『苟夙夕』，『⿱丷丂』『苟』明顯都是『敬』。説文云：『憼，敬也。』與『敬』也是一個字。説文云：『敬，肅也。』又云：『肅，持事振敬也。』『⿱丷丂』蓋即論語『敬事而信』『執事敬』之『敬』，『克⿱丷丂』是謂能敬其事，用現在話説，即能盡心負責於其事。『𠳋』即是『遣』字。楊樹達謂『當讀爲愆』。『𠳋』在此誠有過愆之意，但不能讀爲『愆』。我以爲當讀爲『譴』。説文云：『譴，讁問也』，又云：『讁，罪也。』『譴』本義疑爲罪讁，其訓讁問，乃用爲動詞『𠳋』『遣』『譴』乃一字之演變。『大保克⿱丷丂亡𠳋』，是説大保能敬其事而亡過。

『易休余土』，郭沫若謂休是作器者名。休是作器者名，辭意與上文不相屬。楊樹達謂『易休』是『休易』之倒文，即周禮之好賜。這也不正確。我以爲『休』義實爲恩。銅器銘辭『休』有善、福、恩三種字義。員鼎『王令員執犬，休善。』兮甲盤『折首執噝，休，亡敃。』『休』義都爲善。克盨『克其日易休無疆』，『休』義顯爲福。

『對揚王休』（剌鼎）

『對揚天子不顯休』（彔伯𢦚毁　師遽彝）

『對揚天子不顯魯休』（頌鼎　盠方尊　望毁）

『對揚天子不顯皇休』（毛公鼎）

『對揚天子不顯休命』（師酉毀）

『對揚天子段休令』（揚毀）

『十枻不諐獻身，才畢公家，受天子休』（獻彝）

『其自今日孫孫子子毋敢望白休』（縣妃毀）

『休』都應訓恩。『對揚王休』，即對揚王恩。『不顯休』即不顯恩，『皇休』即大恩。『魯休』即厚恩。『休令』即恩命，『段休令』即大恩命。『受天子休』即受天子恩，『毋敢望白休』，即不敢忘伯之恩。詩長發『何天之休』，『休』也當訓恩。『易休余土』，是說賜恩於太保，賜之土地。

一九六七年十一月廿五日草

一九六九年十一月八日重抄

杞伯每亡鼎考釋

杞白每亡乍 殺婕寶鼎子子孫孫永寶。

『ㄝ』郭沫若釋『卜丨』，楊樹達釋『刅』，容庚金文編以爲『亡』。審視這個字的字形，確應是『亡』字。楊氏以『每亡』爲杞孝公之名。襄公二十三年春秋經『三月己巳杞伯匄卒。』史記杞世家也説杞孝公名匄。果如楊説，則此字更應是『亡』字，而不是『刅』字。『匄』从『乁』，與『亡』形近。春秋和史記作『匄』乃『亡』字之譌誤。

奠丼叔盨考釋

奠丼叔乍旅盨，及子子孫孫永寶用。

楊樹達云：『按及蓋以聲近假爲其。及子子孫孫永寶用者，即他器常見之其子子孫孫寶用也。……鄭虢中毁云：「虢中作寶毁，子子孫孫彶永用。」及亦當讀爲其，及永用即其永用。』按楊説非是。『及』應如字讀，義爲逮。『及子子孫孫永寶用』，是説至於子子孫孫永寶用。『子子孫孫彶永用』，意思也是一樣。友毁『友眔𠦪子子孫孫永寶用。』『眔』和『及』義相同，語例也是一樣，這也可以證明『及』必不是假爲『其』，師遽毁『世孫子永寶』。遅解『𦊓孫子毋敢豙永寶。』『及子子孫孫永寶』和『世孫子永寶』意相同。

𢦏叔朕鼎考釋

隹八月初吉庚申，𢦏叔朕自乍𩰫鼎，其萬年無彊，子子孫孫永寶用之。

『𢦏』郭沫若謂即是戴國，甚是。『戴』公羊和穀梁春秋經都作『載』。隱公十年春秋左氏經：『秋，宋人、蔡人、衛人伐戴。鄭伯伐取之。』公羊、穀梁都作『載』。說文作『𢦔』。說文云：『𢦔，故國，在陳留。』漢書地理志梁國甾縣自注云：『古載國』，應劭云：『章帝改曰考城。』郡國志：陳留郡『考城故菑，章帝更名。』劉昭注云：『陳留志曰古載國。』是𢦏即戴、載、𢦔，也就是西漢的甾縣和考城。

洪亮吉春秋左傳詁云：『按說文𢦔字注云：「𢦔故國，在陳留。从邑𢦏聲」。地理志云：「梁國甾縣故戴國」。應劭曰：「章帝改曰考城」。古者甾載聲相近，故鄭康成詩箋讀倨載爲熾菑。是其音大同。故漢於戴國立甾縣。漢書五行志作載。師古曰：「戴國今外黄縣東南戴城是也。讀者多讀爲載，故隋室置載州焉」。』

按漢於古𢦏國之地置甾縣，實因古代二字通用之故。甲骨文『災』字作『𡿧』，或『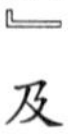』及『』，或又假借『』字爲之。說文云：『𢦏，天火曰𢦏』，古文作『𤆎』，籀文作『災』。很明顯，『𢦏』是由『𢦏』演變的，『𤆎』是由『』及『』演變的，『災』是由『𡿧』演變的。

由『𡿧』又演變爲『甾』和『菑』，由『𢦏』又演變爲『𢦔』『戴』及『載』。『甾』和『戴』『載』『𢦔』因此通用。

鄀公平侯盂考釋

隹鄀正八月初吉癸未，鄀公平矦自乍𨽍盂，用追孝于氒皇且晨公于氒皇考屖𨗨公，用賜釁壽，萬年無彊，子子孫孫永寶用亯。

『屖』楊樹達釋『辟』。鄀公敄人鐘：隹（鄀正）二月（初吉乙丑）上鄀公敄人（乍其龢鐘用）追（孝于氒）皇且可公（于氒）皇考晨公（用易眉）壽（萬年）無彊，子子孫孫（永寶用亯）（括弧內殘缺字皆郭沫若據鄀公敄人㲃補）。郭沫若謂平侯即敄人之子，此銘𨗨公即敄人。楊氏從之。按平侯爲敄人之子是對的，因敄人稱晨公爲考，平侯稱晨公爲祖，平侯應是敄人之子。但以『屖』爲『辟』，謂敄人即此銘之𨗨公，則不確。『屖』實不是『辟』字。『皇考辟𨗨公』，彝器銘辭也不見有這樣的語例。『屖』實應讀『弟』。『皇考屖𨗨公』即『皇考弟𨗨公』。『皇考』是敄人，『𨗨公』則敄人之弟，也就是鄀平侯的叔父。這當是敄人死後，𨗨公即位，𨗨公死，平侯即位。

『用賜釁壽』，『釁』上無主詞，義實爲益，不能訓賜予。詩魯頌泮水『魯侯戾止，在泮飲酒，既飲旨酒，永錫難老。』「錫」字用法與此相同，義也當爲益。舊訓賜予，當是錯誤的。

中齍考釋

隹十又三月庚寅，王才寒𠂤，王令大史兄褱土。王曰：中，兹褱人入事，易于珷王乍臣。今兄畀女褱土，乍乃采。中對王休令，鬻父乙障，隹臣尚中臣〇〇

「兄」學者釋「貺」，是也。字又作「況」。詩桑柔「倉兄填兮」，釋文：「兄音況，本亦作況。」漢書夏侯勝傳「上天報況」、王莽傳「神祇報況」，師古云：「況，賜也。」此字初只假借「兄」爲之。後世加「貝」或「水」旁。「兄」是個假借字，「貺」和「況」是形聲字。我國文字中的形聲字有許多都是這樣，由假借字加偏旁形成的。

「□」字宋代王俅、薛尚功釋「里」，近時楊樹達從其説，謂「里」讀爲「賚」，尚書湯誓「予其大賚女」，史記殷本紀作「理」，「里」與「賚」通用。這實是錯誤的。金文有「里」字，字形與此不相同。「賚」和「理」乃是由「䝅」演變的，與「□」没有關係。「□」當是「畀」字。説文云：「畀，相付與之約在閣上也。」爾雅釋詁云：「畀，賜也。」僖公十年左傳「余得請於帝矣，將以晉畀秦。」僖公二十八年左傳「夢河神謂己曰，畀余，余賜女孟諸之麋。」「畀」義當爲予。「兄畀」意爲賜予。采即是采邑。昭公七年公羊傳注：「所謂采者，不得有其土地、人

民，采取其租稅爾。卿大夫所食邑曰采地。』『王令大史兄畀土，王曰：中，兹裒人入事，易於珷王作臣，今兄畀女裒土，作乃采。』是說王命大史把裒這個地方賜給中。王說：這裒人以前來服從，曾賜給武王，爲武王之臣，現在把裒土賜給你，作爲你的采邑。

這篇銘辭很有價值，殷末周初我國已有采邑制度，由此得到明確和直接的證明。此銘云裒人入事於周，賜予武王爲臣，這必是在周武王滅殷以前的事，必在周文王的時候，是殷末顯已有錫土作采之事了。周王把裒賜給中作采邑，周初已有采邑制甚屬顯然。又趞尊：『隹十又三月辛卯，王才斥，易趞采曰𧻚。』也足證明周初有采邑制了。采邑制是封建制度的萌芽，由此可知殷末已開始孕育封建制。

此器郭沫若說是成王時器，楊樹達說是武王時器。按銘云：『王曰：中，兹裒人入事，易于珷王作臣』，武王不能自稱武王，仍當以郭說爲是。

盂爵

隹王初𠦪于成周，王令盂寧登（鄧）白，賓貝，用乍父寶障彝。

『賓』孫詒讓釋『儐』，古代出使，主人賜之以物，設之『賓』，又作『儐』。儀禮覲禮云：『侯氏用束帛乘馬儐使者，使者再拜受之。』又云：『使者出，侯氏送，再拜，儐使者。諸公賜服者，束帛四馬，儐大使亦如之。』按國語周語『晉侯使隨會聘於周，定王享之，餚烝。原公相禮。范子私於原公曰：吾聞王室之禮，無毁折，今此何禮也？王見其語，召原公而問之，原公以告，王召士季曰：……女今我王室之一二兄弟，以時相見……於是乎有折俎加豆，酬幣宴貨，以示容合好。』韋昭云：『酬報也。聘有酬賓束帛之禮，其宴，束帛爲好，謂之宴貨也。』所謂『賓』當就是酬賓。酬賓以物，是所以『示容合好』的。也就是一種禮品和表示親善。隱公九年左傳云：『初，戎朝於周，發幣於公卿。凡伯弗賓。冬，王使凡伯來聘，還，戎伐之於楚丘以歸。』此處『賓』當也是賓酬。戎人以凡伯『弗賓』，而攻擊他，可以想見：這一定是戎人認爲凡伯對他輕視和無禮而至怨恨。

這種賓酬之禮，似也不限於政治上聘使往還。一般交往似也有，也稱之爲『賓』。這在彝器銘辭中可以看到。

睘卣：『王姜令作冊睘安尸白，尸白賓睘貝布。』

守毁：『隹五月既死霸辛未，王使小臣守使于夷，夷賓馬兩金十鈞。』

幾毁：『中幾父使幾使于諸侯，用氒賓作寶毁。』

這都是使於諸侯，諸侯賓使者的。幾毁：『用氒賓作寶毁。』『賓』即諸侯所賓酬之物。

史頌毁：『隹三年五月丁巳，王才宗周，令史頌𢔶穌灟友里君百生，帥𩑃盩于成周。休又成事。穌賓章馬四匹、吉金，用作䵼彝。』

大毁：『隹十又二年三月既生霸丁亥，王才𩛥侲宮。王乎吳師召大，易趞嬰里。王令善夫豖曰趞嬰曰之余既易大乃里。嬰賓豖章，帛束。嬰令豖曰：天子余弗敢歚。豖𠮚嬰顛大易里。大賓豖訊章、馬兩，賓嬰訊章帛來……』

這都不是周王派往諸侯，或諸侯之間的聘使往還，也都有『賓』酬。可見一般人往還酬贈也可以稱『賓』。

一九六八年二月六日

師眉毁

兄氒師眉〇爲周𡨦，易貝五朋，用爲寶器：『鼎二，毁二。其用亯于氒帝考。』（愙齋三代）

『兄氒師眉』，吳大徵釋爲『啟乃師衆』，以『啟』爲微子之名。吳釋自是錯誤的。這楊樹達業已指出。楊氏謂：『兄疑當讀爲貺，賜也。』這也不正確。以『兄』爲『貺』，文義語法皆不可通。

接『兄』當如字讀，義爲大。廣雅釋詁云：『兄，大也。』釋名云：『兄，荒也，荒，大也。』『兄氒師眉』猶言：『皇氒師眉。』

此器吳大徵和楊樹達都認爲是微子之器。吳氏根據周頌有客。此銘『啟』（吳以兄爲啟）爲周客和有客詩以微子爲周客相合。楊樹達謂『眉』『微』古通用，『眉』就是微子。此外，還有一點似也應注意。彝器銘辭稱對祖、妣、考、母，都稱皇祖、皇妣、皇考、皇母，而此銘獨稱『帝考』。皇祖、皇妣、皇考、皇母，『皇』父爲大，『帝』在典籍裏不見有訓大者。『帝考』和『皇考』意思必不一樣，此處『帝』義當仍爲帝王。由此更可證明『眉』當就微子。『帝考』是帝辛。

一九六八年二月二日

番生𣪕

不顯皇考穆之，克誓（哲）氒德，嚴才上，廣啟氒孫子于下，𠟭于大服。番生不敢弗帥井皇祖考不丕元德，用𩐎圝大令，甹王位。虔夙夜尃求不暨德，用諫四方，𩔁遠能𤔲。王令𦥑𤔲公族，卿事大史寮。取遺世寽，易朱市悤黃，鞞鞢、玉環、玉琭、車、雷軫，𠦪縪較，朱𠁁𩏂靳、虎冟、熏裏，逪衡、右軛，畫轉、畫輟、金童、金豙，金簟，弼魚葡、朱旂旜，金莽，二鈴。番生敢對天子休，用乍𣪕，永寶。

『虔夙夜尃求不暨德』。楊樹達云：『尃求者，康誥云：往敷求於殷先哲王，「尃求」與「敷求同。」』『尃求』即『敷求』，是也。詩抑：『罔敷求先王，克共明刑。』『敷求』也即是『尃求』。『尃求』也就是『溥求』『普求』。謂廣求，遍求也。『尃』『敷』『溥』乃一字之變。說文：『尃，布也。』又云：『敷，敂也。』布、敂義相同。毛公鼎：『尃命于外。』詩長發『敷汝優優』。『尃』『敷』義皆爲佈，或又假『賦』爲之。詩烝民『賦政於外』，或又作『傅』。漢書陳湯傳『前至郅支城都賴水上，離城三里，止營傅陳。』師古曰：『傅讀曰敷，敷，布也。』詩北山『溥天之下，莫非王土。』釋文云：『溥音普，大也，或又作普。』漢書魏相傳『元鼎三年，平原、勃海、太山、東郡溥被災害。』師古曰：『溥與普同。』詩般『敷天之下，裒時之對。』『敷天之下』，顯就是『溥天之下』。『不暨』，詩抑『不僭不賊，鮮不爲則。』傳云：『僭，差也。』『不暨』即是『不僭』。『尃求不暨德』是說廣求有德之人。

『用諫四方。』楊樹達引廣雅釋詁云：『諫，正也。』按說文：『諫，証也。』『証』就是『正』。詩民勞『是用大諫』。傳云：『諫，正也。』說文又云：『諗，深諫也。』許慎和詩傳都以『諫』義諫諍。『諫』義爲諫諍，與此文意不合。

我疑心『諫』與『敕』爲一字。『諫』『敕』皆從『柬』作。考『敏』字金文又作『誨』。則『敕』字也可以作『諫』，又秦公毁『邁民是敕』，秦公鐘『萬生是敕』，與『用諫四方』語意相近。『諫』與『敕』義也應略同。按『敕』義爲整。漢書元后傳：『鳳頓首泣曰：譚等雖與臣至親，行皆奢僭，無以率導百姓，不如御史大夫音謹敕。』王莽傳『事母及寡嫂，養孤兄子，行甚敕備。』師古都說：『敕，整也。』又王莽傳『安陽侯王舜，莽之從弟，其人修飭。』師古曰：

『飭讀與敕同，敕，整也。』又元后傳『王氏爵位日盛，唯音爲修整。』『修飭』也可作『修整』，更是知『敕』義實爲整。說文云：『整，齊也，從攴從束從正，正亦聲。』按從攴從束無義，『整』必是從『敕』從『正』。我疑『敕』與『整』即是一字，『整』乃是加『正』以表義的。考『敕』義也爲正。詩六月『六月棲棲，戎車既飭』。箋云：『飭，正也。』史記秦始皇本紀『匡飭異俗』，『飭』義也爲正。『飭』『敕』通用，是『敕』義也爲正。『敕』義爲正，與『諫』相同。按『整』義又爲理。文選東京賦注云：『整，理也。』晉公盨『整辥爾宏。』『整』義顯爲治。我以爲『整』初義爲治理，引伸爲正。金文又有『誎』字。大盂鼎『敏誎罰訟』。大克鼎『肄克龏保氒辟龏王，誎辥王家。』此字容庚金文編以爲說文之『誎』字。說文云：『誎，餔旋促也。』楊樹達跋大盂鼎謂『誎』爲『速』之或體『⿱敕言』。『敏誎罰訟，謂刑獄之事當急速處之，毋有留獄也。』而跋大克鼎又謂『誎字未詳』。說文訓『誎』爲『餔旋促』似爲『速』字之或體。但在此與文義不合，楊氏以爲速乃牽強之言。竊疑此字非說文之『誎』而仍是『諫』字。按叔尸鐘云：『簫成朕師旟之政德，諫罰朕庶民。』與大盂鼎『敏誎罰訟』語意一樣。可知『諫』『誎』即是一字。大克鼎『誎辥王家』與晉公盨『整辥爾宏』語例一樣，『諫』和『整』義也應相同。『諫』義也當爲正。按『正』義也爲治。大盂鼎『匍有四方，畯正氒民。』『正』義就爲正治。『諫』『誎』『敕』『整』都是一字之變，其義爲治爲正，則這些話便都可解了。『用諫四方』，即用治四方。『萬生是敕』『百生是敕』，即正治百姓。『誎辥王家』即正治王家之事。『敏諫罰訟』『諫罰朕庶民』即公正治理獄訟。

實敗名。』

文公七年左傳：『叛而不討，何以示威；服而不柔，何以示懷。』僖公二十年左傳：『懷與安

『𩕶遠能埶』，即詩書之『柔遠能邇』。『柔』是『𩕶』的假借字。但『𩕶』是什麼字呢？王國維謂即甲文之『夒』字。他說：『予曩釋爲夋。今當是說文之夒。……毛公鼎：我弗作先王羞之羞，作，克鼎『柔遠能埶』之柔作，番生敦作，而薛氏疑識盄和鐘之『柔燮百邦』，晉姜鼎之『康柔綏懷遠邇』『柔』並作，皆是字也。夒、羞、柔三字古音同部，故互相通假』。（般先公先王考附注）。

孫詒讓云：『「𩕶」爲擾之異。右形從夒首。左從卤，卤、擾古音同部也。』

楊樹達釋『𡿺』。他說：『按𩕶字右旁明從頁，左旁作，卤所從之字，即說文訓頭會𡿺蓋之囟字。蓋即𡿺字也。……𡿺與柔古音同，故經傳作柔，金文作𡿺，孫王二氏以爲擾之或作，非也。』

按孫說是對的。這是『擾』字，也是甲文『』和說文之『夒』，是由『夒』演變的。史記夏本紀『陶唐氏既衰，其後有劉累，學擾龍於豢龍氏以事孔甲。』應劭云：『擾，音柔，擾，馴也。』說文云：『夒，母猴，似人。』又云：『猴，夒也。』詩角弓：『母教猱升木。』傳云：『猱，猨屬。』陸機疏云：『猱，獮猴。』禮記樂記：『獶，雜子女。』鄭玄注云：『獶，獮猴也。』『夒』『獶』『猱』爲一物，『猱』也必是『夒』『獶』之假借字。『夒』義所以爲猴，乃因

爲猴本是象形，甲文作和「夒」字之作「」形狀相似，故而後世文字變化也就成爲一個字。「柔」是「⿰鹵夒」字的假借字，「猱」又是「夒」「獿」字的假借字，「柔」又和「擾」音義相同，「夒」「獿」「擾」「⿰鹵夒」是一字之變，似無可疑。

我以爲「⿰鹵夒」乃由甲文演變的，此字從夒從戉，象人曳鋤之形。此即是「擾」和「櫌」字，也是說文之幔字。「擾」和「櫌」從「夒」作，「幔」從「憂」，實就是「⿰夒戉」。說文有「⿰車夒」，金文作「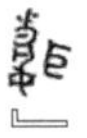」或「」「」和「」字形極相似。由此可知，「幔」字所從之「𢝊」也必是「⿰夒戉」。又說文「幔，楃也，以巾㨖之，從巾夒聲。讀若水溫𩰲，一曰箸也。」玉篇云：「幔，箸也，塗也。」按揚雄解難「獿人亡則匠石輟斤而不敢妄斲」。服虔云：「獿人古之善塗墍者。」由此又可知「𢝊」與「夒」一字之變。說文云：「櫌：摩田器……論語：櫌而不輟。」鄭玄云：「櫌，覆種也。」「櫌」義爲覆種，「幔」義爲箸，「箸」即是鋤。「⿰夒戉」字從「夒」從「戉」，象人曳鋤之形，其義實爲以鋤鋤地和種植。以鋤鋤地是用鋤將土鋤碎鋤細。因此引申爲柔。說文云：「犪，牛柔謹也。」廣雅釋詁云：「犪，柔也。」「犪」義實爲柔。說文謂「牛柔謹」乃爲要解釋從牛之故。「犪」與馴擾之「擾」實即是一字。「柔遠能邇」，「柔」舊皆訓安。如王肅云：「能安遠者先能安近」。詩民勞註云：「柔，安也。」訓「柔」爲安實不妥的。「柔」應爲擾之「擾」的假借字，當應訓馴服。詩嵩高：「揉此萬邦，聞於四國。」釋文云：「揉亦作柔，順也。」順也，就是馴服。

『能』字怎樣解釋才正確，也值得研究。王肅謂『能安遠者先能安近』，以『能』爲能否之『能』，而且增字爲解，自然是錯誤的。詩民勞朱熹注云：『能，順習也。』這也是望文推測的。『能』字這樣的用法經傳所見很多。

『亦惟君爲長，不能厥家人。』（書康誥）

『入而能民，土於何有。』（僖公九年左傳）

『蘇子叛王即狄，又不能於狄。』（僖公十年左傳）

『不能其大夫至於君祖母以及國人。』（文公十九年左傳）

『范鞅與欒盈爲公族大夫而不相能。』（襄公二十一年左傳）

『昔高辛氏有二子：伯曰閼伯，季曰實沈，居於曠林，不相能也，日尋干戈，以相徵討。』（昭公元年左傳）

『能』字這樣用法，其義爲何，過去沒有切當的解釋。『入而能民』，杜預謂『能得民』，也是把『能』解爲能否，也是增字爲解。王引之謂當釋訓侞，義爲侞順，這和朱熹訓能爲順皆相同，仍是不明確的。我以爲『能』在此義蓋爲和協。毛公鼎：『用邵皇天，龤圝大命，康能四國。』

叔夷鐘：『夷，汝康能乃九吏（事）眔乃敵寮』。『能』字的用法和上舉經傳『能』字一樣。按叔夷鐘又云：『龢協而九事，卑若鐘鼓』。這與上面『康能而九事』所述的是一事，語義相同，可知『康能』和『龢協』義必是一樣。『能』義爲和協，則上舉經傳的『能』字便可解釋暢通而無礙。『不能於厥家人』即不和於其家人，『不能於狄』即不合於狄。范鞅與欒盈不相能，閼伯與實沈不相能，即他們不和。

說文云：『能，熊屬足似鹿，從肉，㠯聲。能獸堅中，故稱賢能，而彊壯稱能傑也。』說文這種解釋實是錯誤的。這和我國文字構造的法則不相符合。在我國文字中，禽獸動物字不外兩種情況：一是象形，象形字是原始字；一是形聲，形聲字是後起字。如說文所說，『能』字既是象形，又是形聲，反過來，也可以說既不是象形，又不是形聲。我國文字是沒有這樣構造的。同時『能』與『㠯』聲音也相去甚遠，說『能』是㠯聲，也與聲音不合。

按金文『能』與『嬴』爲一字。鄦子妝簠：『鄦子妝擇其吉金，用鑄其簠，用媵孟姜秦⿰女能。』『⿰女能』即『嬴』。又宣公八年左氏經『敬嬴』，公羊作『頃熊』。按『嬴』金文又作『』（菓同毀）。象三件農器相合爲文。由此我們悟及『能』字也是由三種農器相合爲文的。『能』金文作『』，從從從。按『耜』從『㠯』，疑『㠯』初而是農器。甲文有『』字從二，『』我以爲二齒杈，『能』字所從之『』與之相同，當也是農器。『』雖不知爲何物，可能也是農器。『能』字是由三種農器相合爲文，其初義蓋爲共同耕作。因共同耕作，故引申爲和協。又因共同耕作效力大，故又引申爲能力，賢能、能傑都由能力引申的。這和『劦』爲合力耕作，引申爲和協，又引申爲大力一樣。

一九六七年十二月八日

大𣪘

隹十又二年三月既生霸丁亥，王才𩱲侲宮。王乎吳師召大，易趞睽里。王令善夫豕曰趞睽曰：余既易大乃里。睽賓豕章、帛束。睽令豕曰天子，余弗敢𢿢。豕吕睽大易里。大賓豕訊章馬兩，賓睽訊章帛束。大拜𩒨首，敢對揚天子不題休。用乍朕考剌白隩𣪘，其子子孫孫永寶用。

『[illegible]』郭沫若釋『豕』，『𢿢』讀爲『婪』，『訊』讀爲『介』，皆甚確。按同𣪘『王命同右吳大父𤔲易林吳牧』。免簠『令免乍𤔲土，𤔲奠還𩱲眔吳眔牧』。『𢿢』和『林』用法一樣，義確相同。『𢿢』仍爲貪婪字。後世又省變爲『棥』及『婪』。『章』字金文有作『訊』的。庚嬴卣：『王蔑庚嬴曆，易𧶠訊。』以此相例，『害』自也可以作『訊』。金文『害』或讀爲『匄』，或讀爲『介』。『害』與『介』實都是假借字。所謂假借是語言裏一個詞用不同的字來表示，即所謂『同言異字』。『害』義爲大這個詞沒有本字，假『害』來表示，或又假『介』來表示。

『王令善夫豕曰趞睽曰』，前一『曰』字義與『謂』相同，是說王令膳夫豕謂趞睽。『曰』本有『爲』或『謂之』之義。例如尚書洪范：『一曰水，二曰火，三曰木，四曰金，五曰土。』是說一爲水或一謂之水，二爲火或二謂之火，三爲木或三謂之木，四爲金或四謂之金，五爲土或五謂之土。趞尊「易趞采曰䞣」，是說賜趞采邑爲䞣或謂之䞣。又如吉日劍「𦨡余名之，謂之少虡」，如改爲「𦨡余名之曰少虡」一樣可通。

「睽令豖曰天子，余弗敢𢿬」。這應該睽令豖曰天子爲句。「曰」義仍爲謂。這是說睽令豖對天子說。天子以睽里賜大，睽奉天子之命，將「里」轉給大，所以說，或實弗敢貪婪。

「夏舟」字不識，從文義看，義當是以睽「里」交給大。

這篇銘辭是記載周王以睽的「里」賜給大的。這裡值得研究的是這裡所說的「里」究竟是什麼。說文云：「里，居也。」「里」爲說文所說，當是人民的住宅。從銘辭推測，周王既然以睽的「里」賜給大，則最初這個「里」也必是周王賜給睽的。人民的住宅怎麼能以之賞賜呢？我們疑心這不是里居之「里」。按國語魯語：「先王制土，籍田以力，而砥其遠邇；賦里以入，而量其有無。」韋昭云：「里，壥也，謂商賈所居之區域也。以入，計其利入多少，而量其財業有無以爲差也。」是商賈所居的區域也稱之爲「里」。又孟子公孫丑篇云：「廛無夫里之布則天下之民悅而願爲之氓矣。」這也可以看到商賈所居的區域稱爲「里」。對商賈是徵稅的，這種稅稱之爲「夫里之布」。周王賜給睽和大的「里」疑就是這種商賈所居的里。把這種「里」賜給他們，他們食其稅，和賜田一樣。

由此，我們聯想到金文裡的「里人」和「里君」。黹處毁：「唯王正月辰才甲午，王曰：黹處，命女嗣成周里人，眔諸侯大亞，噝訟罰。』『里人』究竟是什麽人，學者没有解釋，疑就是商賈，因居於『里』中，故稱之爲『里人』，因爲他們是商賈，所以命官管理。

矢令彝：『隹十月，吉癸未，明公朝，至于成周，𢓊令。舍三吏（事）令眔卿事寮，眔者尹眔里君眔百工，眔者侯侯田男，舍四方令』。史頌𣪘：『王才宗周，令史頌𢓶穌，灟友里君百生』。『里君』是什麽也難了解。把它和『里』『里人』聯繫起來看，疑就是管理『里』的。

我這種解釋證據自還是不夠充分的。如果這樣解釋没有多大錯誤，則這便給我們一個很有意義的歷史材料。這使我們能得知周初商業一點情況。關於西周商業的情形，文獻裏幾乎一點也看不到。在彝器銘辭裏略微涉及周代商業情形的，有頌鼎、膳夫山鼎、兮甲盤。如果我們這裡所說的也是有周代商業的，把這些記載合起來看，則我們對周代的商業就有一點輪廓了。西周初就已有商賈出現了。商賈居住在一定的區域內，稱爲『里』，設官管理，並且已有商稅，迨至頌鼎和膳夫山鼎時（二器周王時器），則已有市，市也設官管理。及至兮甲盤時，則已有許多諸侯和貴族從事商業，他們和蠻夷地方已有商業往來。不過往蠻夷地區進行商業活動還是被禁止的。矢令彝的『里君』是在成周，𪒠𣪘是命𪒠『嗣成周里人』。頌鼎是命頌『官嗣成周賈世家』。兮甲盤是命兮甲『政𤔲成周四方責』。這些所有有關商業的記載都是說成周的情況。看來，當周時代成周的商業最爲發達。

一九六八年二月二十八日

趞尊

隹十又三月辛卯，王才厈，易趞采曰𧺝。易貝五朋，趞對王休，用乍姑寶彝。

『采』爲采邑。『𧺝』爲地名，即采邑所在地。『易趞采曰𧺝』是謂以𧺝賜與趞爲采邑。楊樹達讀爲『易趞采曰：𧺝，易貝五朋。』句讀和以『𧺝』爲人名，都是錯誤的。

采邑制是封建制的雛形。這種制度在殷末至少業已萌芽。中甗云：『王曰：中，兹褱人入事，易於珷王作臣，今兄畀女褱，作乃采。』褱人服從於周，而賜與武王爲臣，則必爲武王之采邑，而其事必在文王時，也就在殷末。及至周初當有更進一步發展。

一九六八年二月二十七日

釋賈

一九七五年陝西岐山縣董家村出土銅器有衛盉及衛鼎，記載了『𡨦田』的事。這二器發表以後，引起許多人的重視。因爲這關係到西周的土地制度。這是我國古代史上的一個重要問題。對於『𡨦田』如何解釋，現在還沒有一致的意見。有人說『𡨦』是『貯』字，義爲賜予，『𡨦田』是賜田。有人說『貯』讀爲『租』，『𡧍田』是租田。有人說『𡧍』是『貫』字，『𡧍田』是交換土地。由於對『𡧍』的解釋不同，對於西周的土地制度乃至社會性質的看法也就不一樣。這裡關鍵是在『𡧍』字，也就是這個字沒有得到正確的認識。

這個字除此之外還見於頌鼎、兮甲盤和格伯𣪕。這些器物的銘辭過去學者都有考釋。這個字釋『貯』，義爲賜或租，或以此字是『貫』字，讀爲『價』都是前人所說的。現在學者是沿襲舊說。我覺得我們現在應該也把這幾件銅器的銘辭再重新考察一下，看看這個字究竟是什麼字，應該如何解釋。

頌鼎：『隹三年五月既死霸甲戌，王在周康卲宮，旦，王各大室，即立。宰弘右頌入門立中廷。尹氏受王令書，王乎史虢生册令頌。王曰：頌，令女官嗣成周𡧍廿家，監嗣新寤𡧍用宮御。易女玄衣，黹屯、赤市、朱黄、䜌旂、攸勒用事。頌拜首受令……』

『𡧍』阮元釋『貯』，義爲貯積。『監嗣新造貯用宮御』是『命掌積聚以充宮御之用』〔一〕。王國維說：『貯予古同部字。貯廿家猶云錫廿家也。貯用宮御猶云錫用宮御也。』〔二〕郭沫若說：『貯用宮御乃謂錫用宮中之執事者。』〔三〕楊樹達說：『「貯」讀爲「紵」，命女官嗣成周紵廿家，監嗣新造紵者，王命頌掌治成周織紵之戶廿家，監嗣新造紵之事，以備宮中之用也。』〔四〕

這些解釋正確嗎？顯然都是錯誤的。『𡧍』字金文作『𡧍』，『貯』字作『宁』，二字字形很明顯不相同。二字字形不同，怎麼說他們就是同一個字呢？尤其重要的，此字釋『貯』，辭義無一可通。阮元說：『「監嗣新造𡧊用宮御」是「命掌積聚以充宮御」』。這對這句話沒有解釋，只是猜想而已。王國維說：『貯用宮御猶云錫用宮御。』『錫用宮御』是什麽意思呢？叫人不懂，可以說是不成語句。郭沫若說：『貯用宮御』，乃謂錫用宮中之執事者。這仍和王國維所說的一樣。辭意仍舊不明白。楊樹達看到上面說法說不過去，乃謂『貯』爲『紵』，『成周紵廿家』是成周織紵之戶。這能說得過去嗎？織紵之戶可以單稱『紵』嗎？在我國語言裡有這樣的用法嗎？這些解釋很明顯沒有一個符合這些語句中的字義，都只是憑自己的臆想任意猜測，學者解釋所以爲此，關鍵就在以『𡧊』爲『貯』。字既認錯，穿鑿附會的曲解自然就不可避免了。

這個字實是『賈』字。這裡最緊要注意的是『𡧊用』二字。這兩個字過去考釋者都未深考得其解。這裡『𡧊用』二字應該連讀。尚書酒誥：『肇牽牛遠服賈用，孝養厥父母。』僞孔傳於『賈』字斷句，『用』字屬下讀。解釋云：『農工既畢，始牽車牛，載其所有，求易所無，遠行賈賣，用所得珍異孝養其父母。』『用所得珍異孝養其父母』，顯是增字爲解。按白虎通商賈篇：『商之爲言商其遠近，度其有亡，通四方之物，故謂之商；賈之爲言固有其物，以待民來，以求其利也。……尚書曰：肇牽牛遠服賈用，方言遠行可知也。』班固顯以『賈用』連讀。詩谷風：『既阻我德，賈用不售。』鄭玄箋云：『既難卻我，隱蔽我之善，我修婦道而事之，覬其察己，猶見疏外，如賈物之不售。』也不是『賈』『用』分讀。從詩句講，這兩個字也非是連讀不可。從鄭玄的解釋看，『用』當爲出售的物品。我以爲此處『用』即是器用之『用』。我國古代，器和用是有區別的。說文云：『器，皿也。』又云：『皿，飯食之用器。』又云：『有所盛曰器，無所盛曰械。』器是指飲食用具如鼎鬲簠簋等及其他可以盛物的器皿。農器、兵器及其他用具則稱爲『用』。國語周語：『民用莫不震動，恪恭於農。』韋昭云：『用爲田器。』周語又云：『今農大夫咸戒農用。』韋昭云：『用，耒耜之屬。』『賈用』當就是出賣各種物品。『賈用』當是殷周時的習語。『賈用』是殷周時的習語，由此可以推知『賓用』也必就是『賈用』。『賓』是『賈』字，則這兩句話便文從字順，明白易曉。『令女官嗣成周賈廿家』，是說命頌管理成周的賈人二十家。古代工商食官，商人是由國家管理的。一九六五年，陝西新平縣徵集得善夫山鼎。銘辭云：『王曰：山，令女官嗣歙人于冕，用入□司賈。』〔五〕『司賈』顯然是個官名。這必是管理商人的官。此器的書法和錫物揚休的言語都與頌鼎相同，可能就是同一王時之器。這說明當時確實已有從事商業的商人了。『監嗣新造賈用宮御。』『新造』疑即是指成周。尚書召誥：『周公朝至於洛，則遠觀于新邑。』多士：『周公初于新邑洛。』柬鼎：『王朿奠新邑。』周初稱洛爲新邑。這是因爲洛是周初新營造的。周初稱洛爲新邑，以後沿襲不改，仍稱洛爲新邑。『新造』疑意即爲新造之邑。『御』楊樹達說義爲用，甚是。吳王夫差監：『擇卑吉金自作御監。』史記宋微子世家：『彼爲象箸，必爲玉桮；爲玉桮，則必思遠方珍怪之物御之矣。』『御』義也顯都爲用。『宮御』是謂宮中的用物。『監嗣新造賈用宮御』，是說監督管理成周的市易和宮中的用品。

兮甲盤：『隹五年三月既生霸庚寅，王初各伐厰敹于䣙盧。兮甲從王，折首執嚥，休，亡敃。』

王易兮甲馬四匹，駒車。王令甲政𤔲成周四方責，至于南淮尸。淮尸舊我貟晦人，毋敢不出其貟其責。其進人其賈，毋敢不即餗即市。敢不用令，則即井屢伐。其隹我諸侯百生𠂤賈，毋敢不即市，毋敢或入䜌宄賈，則亦井。兮白吉父乍般，其眉壽萬年無疆，子子孫孫永寶用。』

『王令甲政嗣成周四方責。』孫詒讓云：『政徵字通，責，積之省，謂徵歛委積之事。』〔六〕王國維云：『責讀爲委積之積，蓋命甲徵成周及東諸侯之委積。』〔七〕楊樹達云：『政與徵同，往也。……責者。王靜安讀爲委積之積，是也……言王命兮甲往治成周及諸侯國邑乃至南淮夷之委積。』〔八〕

我以爲『政』應讀爲『正』。頌鼎：『王曰：令女官嗣成周貫廿家。』楊簋：『王若曰：作嗣工，官嗣橐田佃。』𢦏簋：『王曰：𢦏，令女作嗣土，官嗣耤田。』『政嗣成周四方責』，語例與上面這些銘辭相同。『政』義必與『官』相近。古代『政』『正』通用。詩正月：『令茲之正，胡然厲矣。』傳云：『正，政也。』戰國策趙策：『彼即肆然而爲帝，過而爲正於天下。』史記魯仲連列傳作『政』。『正』『政』『徵』最初原是一個字，只作『正』，後孳乳爲『政』及『徵』，所以通用。爾雅釋詁云：『正，長也。』詩玄鳥：『古帝命武湯，正域彼四方。』傳云：『正，長也。』墨子尚賢甲：『堯舜禹湯文武之所以王天下正諸侯。』墨子非命上云：『古者湯封於亳，而王天下，政諸侯。』『政』與『正』通用，義也必爲長，『政嗣成周四方責』，『政嗣』意與『官嗣』一樣。

『責』孫詒讓釋爲委積，許多人都信從此說。從文義上看，這種解釋是不正確的。委積是積聚儲備的意思。命兮甲徵斂積聚或儲備，語意總不免牽強。按說文云：『責，求也。』桓公十三年左傳：『宋多責賂於鄭，鄭不堪命。』『責』義顯爲徵責。史記孟嘗君列傳：『孟嘗君放利貸，命馮驩去收討。孟嘗君對馮驩說：「今客食恐不給，願先生責之。」又說：「客食恐不足，故請先生收責之。」』『責』義更明顯爲徵收。成公二年左傳：『無德以及遠，莫如惠恤其民而善用之。乃大户已責逮鰥救乏赦罪。」』成公十八年左傳：『晉悼公即位於朝，始命百官，施捨已責，逮鰥寡，振廢滯，匡乏困。』昭公二十年左傳：『使有司寬政，毀關，薄斂，已責。』『責』杜預都釋爲逋債。這也是錯誤的。如『責』是『逋債』，則春秋時，楚、晉、齊等國諸侯已放利貸了。這顯與歷史事實不合。春秋時諸侯不聞有放利貸者。釋『責』爲『債』，語法也不可通。『已責』『已』義爲停止，是個動詞。下面一個字也必須是動詞。若『責』爲『債』，則是名詞，語法不合。此處『責』是動詞，義也必爲收責、徵收。『已責』是說停止徵收。此銘『責』是個名詞，當是徵收之物，即貢賦之類。『責』原文爲徵收，後引申徵收之物也稱爲『責』。『王令兮甲政𤔲成周四方責，至于南淮尸』，是說命兮甲主管成周四方諸侯及南淮徵收的貢賦。當時成周附近諸侯各國及南淮夷繳納的貢賦都集中於成周，故在成周設官以主管其事。

『淮尸舊我負晦人，毋敢不出其負其責』。『負』字眉敖簋作『負』，即是『帛』字。『晦』說文以爲即是『畝』字。此字郭沫若謂『當讀爲賄』〔九〕，楊樹達謂當讀爲『貿』〔十〕，都是改字爲解。這當如字讀。『帛晦人』就是織帛種田的人，也就是納『責』的人。『帛晦人』師寰簋作『帛晦臣』，南淮夷蓋原是臣服於周的，所以要向周繳納貢賦。這句話是說南淮夷原是周納貢賦的人，不敢不出其應納的帛和徵收之物。從這句話看，『責』和『帛』是有區別的，是不同的實物。『帛』可能就是布帛，即孟子所說的『布縷之徵』。『責』所徵收的什麼還難確指。

銅器有小臣缶鼎，銘文：『王易小臣□（缶）湡責五年，缶用作亯大子乙家祀障。□父乙。』〔十一〕

『責五年』是什麼意思？從辭義看，『責』非是徵收之物不可。『湡』是地名。這是說王把湡這個地方五年的賦稅賜給小臣缶，也即是歸缶徵收。這裡說『大子乙』，此器不是乙爲王大子時所作。殷晚期諸王以乙名者有武乙和帝乙，此器不是康丁時所作，即是文武丁時所作。據此，殷代以來就已有『責』即徵稅的制度了。這一點很重要，這對研究殷周的土地賦稅乃至社會性質都有重要意義。

『其進人其賓，毋敢不即餗即市，敢不用令，則即井㒼伐』。『進人』或謂是『力役之徵』〔十二〕，或謂是『納入』〔十三13〕，文義皆難通。我以爲即是進入境內的人。『餗』楊樹達釋『次』，是行軍所止之處。楊氏以此器爲周宣王伐玁狁所作。『餗』即周宣王行軍所止之彭衙。〔十四〕按卜辭：『（缺）在□餗，貞，往來亡□。』（前二·一·六）。『在鮐餗，隻中田。』（前一·三三·一）。『餗』顯都不是行軍所止之處。『餗』蓋是指一定的處所。這句話是說進入境內的人做買賣，必須要到一定的處所和市上去，如不聽從命令，就要處以刑罰乃至討伐。

『其隹我諸侯百生氒寊，毋敢不即市，毋敢或入䜌安寊，則亦井。』『百生』即百姓。『䜌』假爲『蠻』，『安』即『宄』字。說文云：『宄，姦也。』這是說周的諸侯百姓要做生意，也必須要到市上去，不得非法地進入蠻夷境內去做生意，否則也要處罰。

這確實是一篇重要的史料。它不僅告訴我們一些周與玁狁及淮夷的關係，由此我們更可以窺見周代賦稅制度和商業的情況。

上述二器，『寊』釋『賈』，文義清楚明白，暢通無礙，『寊』是『賈』義爲買賣必無可疑。

這裡再把格伯𣪕考察一下。

『隹正月初吉癸巳，王在成周。格伯取良馬乘于倗生，氒寊卅田，則析。格伯還，殹妊彶佗氒從。格伯安，彶佃殷氒紉：零谷杜木，遷谷旅桑，涉東門，氒書史戠武立盟成壘。鑄保簋，用典格伯田。』

『格伯取良馬乘于倗生，氒寊卅田』。『取』字有人釋『受』，有人釋『𠬪』，謂是格伯給倗良馬四匹。『寊』，郭沫若釋『貯』，讀爲『租』，言格伯付良馬四匹於倗生，其租爲卅田〔十六〕。楊樹達說：『疑讀爲賈，即今價值之價，謂其價三十田也。』〔十七〕這是『賈』字是對的，但不是『價』。說文云：『賈，市也。』段玉裁云：『賈者凡買賣之稱也。』在這裡義爲賣。這是說

格伯向倗生取了良馬四匹，把三十田賣給他。舊以格伯給倗生良馬四匹，實是錯誤的。唐蘭說此器應爲倗生毁，良是。〔十八〕

『則析』是說分田。倗生買了格伯的三十田，把所買的劃分出來。學者或謂是析券，是不正確的。

『格伯還，殹妊彶仡氒從。』殹妊和仡之間有『彶』字，這是個連接詞，殹妊和仡當是兩個人名。這是說格伯還，殹妊和仡二人隨從。這兩個人疑是倗生的人。

『格伯厎，彶佃殷氒紉。』『厎』即『安』字。楊樹達云：『當讀如按行之按。』〔十九〕甚是。這裡是說格伯按視他所責的田。『佃』學者多釋『甸』。楊樹達謂：『甸謂田之所在。』〔二十〕容庚金文編云：『佃於甸爲一字』。引魏三体石經厌甸古文作佃，按侯甸甲骨文及金文都用『田』字，郊甸則用『奠』字，用『佃』當是後世改用的。甸爲田之所在，也只是想像。這個字不能釋『甸』。此字從人從田，應是『佃』字。說文云『佃，中也』，與此辭意也不合。此字從人從田，我以爲初義是土地上種田的人，即農民。柞鐘：『嗣五邑佃人事。』楊簋：『王若曰，揚，作嗣工，官嗣量田佃。』『佃』非是指農民不可。『殷』字我以爲即堯典中『日中星鳥，此殷中春』之『殷』。爾雅釋言即僞孔傳都云：『殷，正也。』『紉』字不識，從文義看，義當爲田界。『格伯厎，彶佃殷氒紉』，是說格伯按視和農夫勘正田界。這個田界是從零谷杜木經還谷旅桑到東門。

『氒書史戠武立盟成壁。』『書史』是官名，當是倗生的屬吏。『戠』是『植』字的本字。郭忠恕汗簡云：『戠古文植。』『武』字義難明，疑讀『盧井有伍』之『伍』。『盟』字或釋『盡』

或釋『盟』。審察字形，仍以釋『盟』爲當。字從『閂』從『皿』，蓋是『閂』字的別構。『⿱邑土』字有人以爲是說文的『⿰邑巴』字，義爲鄰道。在此不可通。我以爲即『邑』字，是『邑』字別構。這句話是說命書史建立里閈盧井成邑，邑是村邑，不是都邑。

『用典格伯田。』『典』，主也。廣雅釋詁云：『典，主也。』尚書皋陶謨：『女有能典朕五祀』，『以虁爲典樂』。『用典格伯田』是說管理格伯的田。這是格伯把土地賣給倗生，倗生命人管理這些土地。西周時、貴族們的土地都是派人管理的，如克盨：『王令尹氏趛典善夫克田人。』

這篇銘辭很難通讀。我這樣解釋句讀，語法皆無大病。全文大意可暢通而無扞格。這是記載格伯賣田給倗生的。格伯向倗生取良馬四匹，把三十田賣給他，勘正田界，設置里閈，建立村邑，以管理所買的田。

衛盉：『隹三年三月既生霸壬寅，王爯旂于豐，矩白庶人取堇章于裘衛。才八十朋，氒賈其舍田十田。矩或取赤虎兩、麀𠦪兩，𠦪韐一，才廿朋，其舍田三田。裘衛迺彘告于白邑父，⿱炏父白，定白，⿸疒京白，單白。白邑父，⿱炏父白，定白，⿸疒京白，單白迺令參有𤔲，𤔲土㪇，邑𤔲馬單旟，𤔲工邑人服眔受田……』

『矩白庶人取堇章于裘衛。才八十朋，氒賈其舍田十田』，與格伯𣪕『格伯取良馬乘于倗生，氒賈卅田』，語例完全一樣。這必是矩伯庶人賣田給裘衛。『才』假爲『財』。這是說矩伯庶人向裘衛取了瑾璋折合欠八十朋，把十田賣給裘衛。『矩或取赤虎兩、麀𠦪兩，𠦪韐一，才廿朋，其舍田三田』，這是矩又向裘衛取了赤琥兩、麀𠦪兩，𠦪韐一，折合欠二十朋，把三田賣給裘衛。從這種情況看，貝已是衡量物價的標準，在當時貝不但是財物，也是交換的媒介了。『裘衛迺獄告于白邑父……』以下是裘衛買了田以後，告訴伯邑父和燮伯等，請他們作證，把田交給裘衛。

這裡須要研究是『矩白庶人』應如何解釋？這篇銘辭記述了兩次賣田，一云矩伯庶人取瑾璋賣十田，一云矩取赤琥等物賣三田。如這是矩伯之田，是矩伯一人所賣，則此事與矩伯庶人無關，說矩伯即可，爲何又要指矩伯庶人呢？這在行文敘事上是說不通的。『矩白庶人取堇章于裘衛，才八十朋，氒賈其舍田十田』，非常明白是矩伯庶人賣田。這應不是矩伯一人，而是矩伯和矩伯庶人兩人賣田給裘衛。因爲這是同時賣的，同時把田交給裘衛，所以裘衛鑄器時把它記在同一篇銘辭裏。如我這種推測不誤，則這就有一個問題，即西周時，庶人也有田，他們的田也可買賣。這雖然僅有之一句話，一葉知秋，這句話均當有意義，值得注意。

五祀衛鼎：『隹正月初吉庚戌。衛㠯邦君厲告于井白，白邑父、定白，𤳵白、白俗父曰：厲曰：「余執龏王卹工于昭大室，東逆燮二川」。曰：「余舍女田五田。」正迺訊厲曰：「女賈田不？」厲迺許曰：「余審賈五田。」正井白、白邑父、定白、𤳵白、白俗父迺顜履（二一），厲誓。迺令參有嗣嗣土邑父趙，嗣馬頮人邦、嗣工[illegible]（附）、內史友寺芻帥履裘衛厲田四田。迺舍寓于氒邑。氒逆疆眔厲田，氒東疆眔散田，氒南疆眔散田眔政父田，氒西疆眔厲田。邦君厲眔付裘衛田……』

「㝬田」也是賣田。這是厲賣田給裘衛，裘衛報告邢伯、伯邑父、定伯、琼伯、伯俗父等，請他們作證。他們命人勘定疆界四至，把田交給裘衛。以上所述，「㝬」釋「賈」無不暢通，「㝬」必是「賈」字，「賈田」是賣田必無疑。西周時土地已可以買賣。

學者謂，「賈田」不是買賣土地，而是賜田或租田，除了「賈」字沒有認識以外，還有一條理由，西周是奴隸社會，土地爲周王所有，土地私有制還沒有出現，不可能有土地買賣。我們研究銅器銘辭，首要的是把銘辭考釋清楚，認識文字，通讀銘辭。它所記述的內容是什麽，是由銘辭本身來說明，不能存在任何先入之見。說西周是奴隸社會，土地爲周主所有，還沒有土地私有制，土地不能買賣，這就有了個前提，我們研究就必須在這個前提下進行，解釋必須要符合這個前提。（這就無異是個框框，不能越出這個框。）這樣就束縛了我們作客觀的思考。同時，作爲一個前提，必須是正確的理論或確鑿的事實。西周社會是什麽性質，是不是奴隸社會，奴隸社會是不是還没有土地私有制，土地是不是就不能買賣，這些都是還没有解決、還没有定論的問題。用這樣一個還不知正確與否的説法作爲根據來論證西周時土地不能買賣，怎麽能説得通呢？西周的社會性質現在還在研究中，我們應當根據理論和正確的史料論證西周的社會性質，根據它來解釋史料。有了西周是奴隸社會，土地不可買賣的前提框框，解釋就不得不遷就，迺至必然導致附會曲解。學者説「賈田」是賜田或租田不能説是賣田，就是因爲没有跳出框框的緣故。

一九八一年十月二十日草於蕪湖赭山
一九八二年六月二十一日修改

註：

〔一〕積古齋鐘鼎彝器款識
〔二〕觀堂別集　頌鼎跋
〔三〕兩周金文辭大系　頌鼎考釋
〔四〕積微居金文説　頌鼎跋
〔五〕綴遺齋彝器款識考釋卷四
〔六〕古籀餘論
〔七〕〔八〕〔十〕〔十三〕〔十四〕〔十五〕積微居金文説　兮甲盤跋
〔九〕〔十二〕兩周金文辭大系　兮甲盤考釋
〔十一〕三代吉金文存卷三
〔十六〕兩周金文辭大系　格伯𣪘考釋
〔十七〕〔十九〕〔二十〕積微居金文説　格伯𣪘跋

〔十八〕西周青銅器銘文歷代史政 倗生簋

陝西興平、鳳翔發現銅器 文物 1961 年第 7 期

膳夫鼎 文物 1965 年第 7 期

陝西博物館陝西省博物館新近徵集的幾件西周銅器 文物 1965 年第 7 期

春
藝
婺
久　一
洋
来
琴
輓
瑩
渥